頭顯善身不覺露濕衣辛巳春往溪陰
見之則已逝矣至湖州霞霧山見石屋珙
定三佛祖亦如是遂以袈裟表信白老
間之開堂于永寧寺賜金襴袈裟沉香
皇太子降香幣王公士女奔走禮
復邀師師不應再遣使請益堅師乃至秋力
復親臨獻滿繡袈裟水精念珠及餘服用
賜雜色段疋袈裟三百領是日分賜禪教
師立府曰圓融置僚屬長官正三品尊崇之
寺癸卯春請住迦智寺師皆應命丙午十月
危邪僧逢其時顯

上察之遠之宗

韓國金石文集成(26)

高麗10 碑文10(解說篇)

趙明濟 編著

韓國國學振興院
青溟文化財團

목 차

일러두기

1. 본서는 『韓國金石文集成』의 제26권으로 高麗 後期의 碑石 중 檜巖寺 禪覺王師碑, 神勒寺 普濟舍利石鐘記, 太古寺 圓證國師碑, 彰聖寺 眞覺國師碑의 4점을 수록하였다.

2. 본서에 수록된 비문의 탁본 중 檜巖寺 禪覺王師碑와 太古寺 圓證國師碑는 성균관대학교 박물관 소장 자료이고, 彰聖寺 眞覺國師碑는 앞면은 성균관대학교 박물관 소장 자료, 음기는 『한국금석문대계』 권5 경기도편(조동원 편저, 원광대학교 출판부)에 수록된 탁본이다. 神勒寺 普濟舍利石鐘記는 앞면은 한국국학진흥원, 음기는 단국대 석주선기념박물관 소장 자료이다.

3. 본서는 해설편과 도록편의 두 부분으로 나뉘어 있으며, 해설편 부분은 가로쓰기를 하였으나, 도록편 부분은 가능한 한 원래의 모습대로 제시하기 위하여 세로쓰기를 원칙으로 하였다. 따라서 책의 체제는 해설편은 橫書 左綴이며, 도록편은 縱書 右綴이고, 그 사이에 間紙를 넣어 구분하였다.

4. 본서의 도록편 부분에는 비문의 탁본을 원래 크기대로 수록하였는데, 읽기 편하도록 비첩형식으로 편집하였다. 본서에 수록된 4건의 비 모두 전체 탁본이 있으므로, 이를 축소하여 도판의 첫머리에 제시하였다. 단, 彰聖寺 眞覺國師碑의 음기는 탁본의 상태가 좋지 않아 전체 탁본만을 싣고 비첩 형식으로의 편집은 생략하였다.

5. 해설편에는 간략한 해제와 함께 원문과 번역문을 싣고, 참고문헌을 제시하였다.

6. 해설편의 원문은 도판을 기준으로 작성하였으며, 교감은 『海東金石苑』(이하 『금석원』), 『朝鮮金石總覽』(이하 『총람』) 등을 기본으로 하고 기타 논문 등을 함께 참조하여 작성하였다.

7. 원문에서 판독할 수 없는 글자는 '□'로 표시하였다.

1. 檜巖寺 禪覺王師碑

1) 解題

이 비는 본래 경기도 양주군 회천읍 회암리 회암사에 있던 것으로, 비의 주인공은 나옹 혜근(懶翁惠勤, 1320~1376)이다. 이색(李穡)이 문장을 짓고 권중화(權仲和)가 예서체로 써서 우왕 3년(1377)에 비를 세웠다. 비는 글자가 일부 마모된 상태로 보존되었는데, 1997년에 발생한 화재로 파손되어 조각난 상태로 남아 있다. 부도는 본래의 비가 있던 자리에서 80m정도 떨어진 맞은 편 언덕에 석등과 함께 남아 있다. 주위에 지공과 무학의 부도가 언덕을 따라 함께 있다.

비문의 내용은 일반적인 비문과 달리 생애를 처음부터 기술하지 않고 말년의 행적에서 시작된다. 곧 공민왕 19년(1370)에 나옹이 주관한 공부선(功夫選)의 양상, 왕사 책봉과 회암사 중창으로 인한 사헌부의 비판에 따라 영원사로 옮기는 과정, 이어 신륵사에서의 입적과 다비, 비문 건립과정 등이 먼저 서술되어 있다. 이어 다시 나옹의 생애에 대해 출가, 중국 순례와 지공, 평산과의 만남과 인가, 귀국 후의 행적 등을 서술하였다.

나옹은 태고보우(太古普愚), 백운경한(白雲景閑) 등과 함께 고려말의 대표적인 선승으로 잘 알려져 있다. 종래 불교사 연구에서는 나옹보다 태고를 중시하였다. 이러한 평가는 실제의 역사상을 반영한 것이 아니라 조선후기 이래 '태고법통설'이 유행한 것이나 조계종으로 대표되는 현재 불교계의 정통성 선양과 관련된다. 그러나 80년대 후반 이후 나옹과 관련된 연구 성과가 다양하게 제시되면서 고려말 불교계는 나옹 계열이 주도한 것으로 정리되었다.

이 비문과 나옹의 어록을 통해 살펴보면, 나옹의 선사상은 기본적으로 간화선을 중시하였음을 알 수 있다. 한편, 비문에는 나옹이 지공(指空), 평산처림(平山處林)의 법맥을 계승한 사실을 주로 강조하고 있지만, 몽산(蒙山)의 사상적 영향도 적지 않다. 그는 '무자(無字)' 화두를 중시하며, 그의 「공부십절목(工夫十節目)」이 몽산의 「무자십절목(無字十節目)」을 본딴 것이며, 몽산의 「휴휴암주좌선문(休休庵主坐禪文)」을 중시하는 등 몽산의 사상적 영향력이 다양하게 확인된다.

몽산은 중국 선종계에서 그다지 유명한 선승이 아니지만 유독 한국불교계에서만 커다란 사상적인 영향을 미쳤다. 그가 편찬하거나 간행한 덕이본(德異本) 『육조단경(六祖壇經)』, 『불조삼경(佛祖三經)』이나 『몽산법어(蒙山法語)』, 『몽산육도보설(蒙山六道普說)』, 『선교시식의문(禪敎施食儀文)』 등 몽산의 선적(禪籍)은 대개 한국에서만 자주 간행되었다.

한편, 나옹의 부도와 비는 스승인 지공(指空), 제자인 무학자초(無學自超) 등의 그것과 함께 회암사에 건립되었다. 이는 이들 3화상으로 대표되는 나옹 계열의 선문 세력이 고려말 조선초 불교계를 주도하였으며, 그 중심 사찰로서 회암사의 위상이 어떠한가를 잘 드러낸다.

회암사는 세종 대에 중건되고, 문정왕후가 불교 부흥정책을 표방할 때에 대표적인 선종 사찰로 존재하였다. 이후 불교 억압정책에 의해 폐사되었다. 19세기 이후 지공, 나옹, 무학 등의 부도와 비가 있는 곳 근처에 새로 절을 지었다.

2) 原文

禪覺王師之碑(題額)

高麗國 王師 大曹溪宗師 禪敎都摠攝 勤脩本智 重興祖風 福國祐世 普濟尊者 諡禪覺塔1) 銘2) 幷序3)

前朝列大夫 征東行中書省 左右司郎中 推忠保節 同德贊化功臣 三重大匡 韓山君 領藝文春秋館事 兼 成均大司成 臣 李穡 奉 敎撰

輸忠贊化功臣 匡靖大夫 政堂文學 藝文館大提學 上護軍 提點 書雲觀事 臣權仲和奉 敎書丹幷篆額

玄陵在位之二十年 庚戌秋九月十日 召師入京 十六日就師所寓廣明寺 大會兩宗五敎 諸山衲子試其所自得 號曰功夫選 上親幸觀焉 師拈香畢 升法坐 乃言曰 破却古今之窠臼 掃盡凡聖之蹤由 割斷衲子命根 抖擻衆生疑罔 操縱在握 變通在機 三世諸佛 歷代祖師 其揆一也 在會諸德請以實答 於是以次入對 曲躬流汗 皆曰未會 或理通而礙於事 或狂甚而失於言 一句便退 上若有弗豫色然 幻庵脩禪師後至師歷問三句三關 會罷還檜嵒 辛亥八月二十六日 遣工部尙書張子溫賫書降印法服鉢盂皆具 封爲王師 大曹溪宗師 禪敎都總攝 勤脩本智 重興祖風4)福國祐世 普濟

1) 『총람』에는 결락.

2) 『총람』에는 결락.

3) 塔銘幷序 네 글자는 『東文選』 권119에 수록된 비문에 따라 보충하여 기재하였다.

4) 『총람』에는 凮으로 되어 있으나, 風의 古字인 凬이 맞다.

尊者 謂松廣寺 東方第一道場 迺命居之 壬子秋 偶念指空三山兩水之記 欲移錫檜嵒 會以召赴是寺法會 得請居焉 師曰 先師指空 盖甞指畫重營而燬于兵 敢不繼其志 迺謀於衆 增廣殿宇 工旣告畢 丙辰四月 大設落成之會 臺評以謂檜嵒 密邇京邑 士女往還 晝夜絡繹 或至廢業禁之便於是有旨 移住瑩原寺 逼迫上道 師適疾作 輿出三門 至池邊 自導輿者 從涅槃門出 大衆咸疑失聲號哭 師顧曰 努力努力 無以余故中輟也 吾行當止於驪興耳 至漢江 謂護送官卓詹曰 吾疾劇 乞舟行 遡流七日 方至驪興 又謂卓曰 欲少留俟病間卽行 卓勉從之 寓神勒寺 五月十五日卓又督行急 師曰是不難 吾當逝矣 是日辰時 寂然而逝 郡人望見 五釆雲盖山頂 旣火之洗骨 无雲而雨者 方數百步 得舍利一百五十五粒 禱之分爲五百五十八 四衆得之灰中 以自秘者 莫知其數 神光熠耀 三日乃巳 釋達如 夢見龍盤燒臺下 其狀如馬 及以喪舟 還檜嵒 无雨而水漲 皆驪龍之助云 八月十五日 樹浮圖於寺之北崖 頂骨舍利 厝于神勒寺 示其所終也 覆以石鐘 戒其無敢訛也 事聞于朝 謚曰禪覺 命臣穡爲文 臣仲和 書丹篆額 臣謹案 師諱惠勤 號懶翁 初名元惠享年五十七 法臘三十八 寧海府人也 俗姓牙氏 考諱瑞俱 膳官令 母鄭氏 靈山郡人也 鄭夢見金色隼飛來啄其頭 忽墜卵 五釆爛然 入懷中 因而有娠 以延祐庚申正月十五日生 年甫冠 鄰友亡問諸父老曰 死何之 皆曰所不知也 中心痛悼 走入功德山 投了然師祝髮 師曰 汝爲何事出家 對以超三界 利群生 且請開示 曰汝之來此 是何物耶 曰此能言能聽者 能來爾 但未知脩進之術 曰吾亦如汝 猶未之知 可往求之有餘師 至正甲申 至檜嵒 晝夜獨坐 忽得開悟 尋師中國之志決矣戊子三月 至燕都 叅指空 畣問契合 十年庚寅正日 空集衆下語 無能對者 師出衆 吐數語 三拜而出 空西天百八代祖也 是春南游江淛[5] 秋八月 叅平山 山問曾見何人 曰西天指空 日用千劒山云且置指空千劒 將汝一劒來 師以坐具提山 山倒在禪床 大呌賊殺我 師曰吾劒也 能殺人 能活人 乃扶起 山以雪嵒所傳 及庵衣拂子表信 辛卯春 抵寶陁洛迦山 拜觀音 壬辰 至伏龍山 叅千嵒 適集江湖千餘人 選入室 嵒問所自 師旣荅 嵒云父母未生前 從甚處來 師曰今朝四月初二日 嵒許之 是歲北還 再叅指空 空授以法衣拂子梵書 於是游涉燕代山川 蕭然一閑道人也 名聞于內 乙未秋 奉聖旨 住大都廣濟寺 丙申十月望 設開堂法會 帝遣院使也先岾木兒 賜金襴袈裟幣帛 皇太子 以金襴袈裟 象牙拂子來錫 師受袈裟 問衆曰 湛然空寂 本無一物 粲[6]兮爛兮 從何而出 衆無對 徐曰九重宮 金口中乃披 拈香祝聖 升坐 横按柱杖 下數語便下 戊戌春 辭指空得受記東還 且行且止 隨機說法 庚子入臺山居焉 辛丑冬 上遣內詹[7]事方節 迎入京 請說心要賜滿繡袈裟 水精拂子 公主獻瑪瑙拂子 太[8]后[9]親施布施 請住神光寺 因辭 上曰 於法吾亦退矣不得巳卽行 十一月 紅賊蹂躪京畿 擧國南徒 僧徒震懼 請避賊 師曰唯命是保 賊何能爲 數日請益急 是夕夢一神人 面有黑誌 具衣冠作禮曰 衆散賊必滅寺 願固師志 明日至土地神坐 視其皃

5) 浙과 같은 글자이다.
6) 『총람』에는 결락.
7) 『총람』에는 결락.
8) 『총람』에는 결락.
9) 『총람』에는 결락.

則夢所見也 賊果不至 癸卯入九月山 遣內侍金仲孫 請還 乙巳三月 詣闕乞退 始得夙願遊龍門元寂諸山 丙午入金剛山 丁未秋住淸平寺 其冬覫寶嵓 以指空袈裟手書 授師曰 治命也 己酉再入臺山 庚戌春司徒達睿 奉指空靈骨來 厝于檜嵒 師禮師骨 因赴召 結夏廣明寺 秋初還檜嵒 九月卽功夫選也 師所居室曰 江月軒 平生未嘗習世俗文字 有請題詠 操筆立書 若不經意 理趣深遠 晩好墨戱山水 逼道權 嗚呼 道旣通 多能也宜哉 臣穡謹拜手稽首 而爲之銘 銘曰

展也禪覺　惟麟之角　王者之師　人天眼目
萬納宗之　如水赴壑　而鮮克知　所立之卓
隼夢赫靈　在厥初生　龍神護喪　終然允臧
矧曰舍利　表其靈異　江之闊矣　皎皎明月
空耶色耶　上下洞澈　邈哉高風　終古不滅

宣光七年 六月　日

3) 飜譯文

禪覺王師之碑 (題額)

고려국(高麗國) 왕사(王師) 대조계종사(大曹溪宗師) 선교도총섭(禪敎都摠攝) 근수본지(勤脩本智) 중흥조풍(重興祖風) 복국우세(福國祐世) 보제존자(普濟尊者) 시선각(諡禪覺) 탑명(塔銘)과 서문

전 조열대부(朝列大夫) 정동행중서성(征東行中書省) 좌우사낭중(左右司郎中) 추충보절(推忠保節) 동덕찬화공신(同德贊化功臣) 삼중대광(三重大匡) 한산군(韓山君) 영예문춘추관사(領藝文春秋館事) 겸 성균대사성(兼成均大司成)인 신 이색(李穡)[10]이 왕명을 받들어 비문을 지음.

수충찬화공신(輸忠贊化功臣) 광정대부(匡靖大夫) 정당문학(政堂文學) 예문관(藝文館) 대제학(大提學) 상호군(上護軍) 제점(提點) 서운관사(書雲觀事)인 신 권중화(權仲和)[11]가 왕명을

10) 이색(1328~1396)은 고려말의 문신, 학자이다. 본관은 한산(韓山), 호가 목은(牧隱), 자가 영숙(潁叔)이다. 1341년에 진사가 되고, 1348년에 원에 들어가 국자감의 생원이 되었고 1354년 원의 제과의 회시와 전시에 합격하였다. 1367년에 성균관의 대사성(大司成)이 되어 주자학의 수용에 기여하였다. 1389년에 이성계에 의해 장단, 함창 등에 유배되었다. 저서에 『목은시고(牧隱詩藁)』, 『목은문고(牧隱文藁)』가 있다.

11) 권중화(1322~1408)는 본관이 안동이며, 권한공(權漢功)의 서자이다. 호가 동고(東皐), 자가 용부(容夫)이며, 우왕 대에 정당문학, 문하찬성사를 지냈고, 조선 개국 후에 판문하부사, 영의정 등을 역임하였다.

받들어 글씨와 단사(丹砂) 전액(篆額)을 씀.

공민왕이 재위한 지 20년인 경술(庚戌)[12] 가을 9월 10일에 왕사를 불러 개경으로 들어오게 하였다. 16일에 왕사가 머무는 광명사(廣明寺)[13]에 나아가 양종(兩宗) 오교(五敎)[14]의 제산(諸山) 납자(衲子)들을 크게 모아 스스로 얻은 바를 시험하는 공부선(功夫選)을 열었는데, 왕이 친히 행차하여 지켜보았다.

왕사가 분향을 마치고 법좌에 올라 말하기를, "고금의 구습을 타파하고, 범성(凡聖)의 자취를 모두 없애라. 납자의 명근(命根)을 끊어버리고, 중생의 의심을 떨쳐 버려라. 조종(操縱)은 수중에 있고, 변통(變通)은 근기(根機)에 있다. 삼세(三世)의 부처와 역대 조사(祖師)의 법도는 하나이다. 모인 모든 승려들은 바라건대 사실대로 답하라"고 하였다.

이에 차례로 들어가 대답하였는데, 몸을 굽히고 진땀을 흘렸으며 모두 말하는 것이 일치하지 않았다. 어떤 이는 이치에 통하였으나 사(事)에 걸리고, 어떤 이는 허둥대다가 말을 실수하여 한 마디를 하고 문득 물러가기도 하였다. 왕의 얼굴빛이 언짢은 듯이 보였다. 환암혼수(幻庵混脩)[15] 선사가 최후에 와서 삼구(三句)[16]와 삼관(三關)[17]에 대하여 낱낱이 문답하였다. 공부선이 끝나고 왕사가 회암사(檜嵒寺)로 돌아갔다.

신해년(辛亥年)[18] 8월 26일 공부상서(工部尙書)인 장자온(張子溫)을 파견하여 친서(親書)와 직인, 법복, 발우 등을 보내어 '왕사(王師) 대조계종사(大曹溪宗師) 선교도총섭(禪敎都摠攝) 근수본지(勤脩本智) 중흥조풍(重興祖風) 복국우세(福國祐世) 보제존자(普濟尊者)'로 책봉하였다. 송광사(松廣寺)[19]는 동방 제일의 도량이므로 머물도록 명하였다.

임자년(壬子年)[20] 가을에 지공(指空)[21]의 '삼산양수(三山兩水)의 글'[22]이 생각나서 회암사

12) 공민왕 20년(1370)이다.

13) 태조 왕건이 922년에 자신의 옛집을 희사하여 창건한 절이다. 무신집권기에 왕사 지겸(志謙)이 주석하였고, 담선법회(談禪法會)가 자주 열리기도 하였다. 조선전기에 폐사된 것으로 보인다.

14) 대체로 열반종·계율종·법상종·법성종·원융종 등 교종의 5종파와 천태종과 조계종 등 선종의 2종파를 오교양종이라고 한다. 고려중기 이후 조선초기까지의 불교 교단을 총칭하는 용어로 관행적으로 사용되지만 실제 당대의 종파를 그대로 반영한 것으로 보기 어렵다.

15) 환암(1320~1392)은 호이며, 혼수가 법명이고, 속성은 조씨(趙氏)이다. 그는 『능엄경(楞嚴經)』에 대한 이해가 깊고, 나옹의 법을 이었다. 불호사, 송광사 등에 머물렀고, 우왕에 의해 국사(國師)로 책봉되었다. 「원증국사탑명」에 태고보우의 문도로 기록되어 있으므로 태고의 법맥을 계승한 것으로 보았지만 근래에는 나옹 계열의 대표적인 선승인 것으로 밝혀졌다.

16) 선의 종지를 간명하게 나타낸 것으로 스승이 제자를 지도할 때에 사용하는 방편의 하나이다. 임제의현(臨濟義玄), 운문문언(雲門文偃) 등의 삼구가 유명하다.

17) 임제종의 황룡혜남(黃龍慧南)이 제창한 교설이며, 생연(生緣), 불수(佛手), 여각(驢脚) 등 수행자가 통과하지 않으면 안 되는 세 개의 관문이다.

18) 공민왕 20년(1371)이다.

19) 보조국사 지눌이 건립한 절이며 수선사 결사운동의 중심지였다. 고려말 이후 퇴락하였다가 조선후기에 부휴문파의 중심 사찰로 존재하였다.

20) 공민왕 21년(1372)이다.

로 옮겨가려 하였는데, 마침 왕의 부름을 받아 이 절의 법회에 갔다가 여기에 머물러 달라는 청을 받았다. 왕사가 이르기를 "선사(先師)인 지공 선사께서 병화(兵火)로 불탄 것을 중수하라고 일찍이 알려주셨으니 감히 그 뜻을 계승하지 않겠는가?"라 하고, 이에 대중과 도모하여 전당(殿堂)을 넓혀 공사가 모두 끝나니 병진년(丙辰年)[23] 4월에 낙성법회(落成法會)를 크게 열었다.

사헌부에서 비평하기를 "회암사는 서울과 매우 가까운 거리이므로 사람들의 왕래가 밤낮으로 끊이지 않아 간혹 생업을 폐하는 지경에 이르니 금지하는 것이 좋겠습니다"라 하였다. 이에 교지(敎旨)를 내려 왕사를 영원사(瑩原寺)로 옮겨 머물도록 하였다. 출발을 재촉하여 가던 도중에 왕사가 병이 있어 가마를 타고 삼문(三門)을 나와 못가에 이르러 스스로 가마꾼을 인도하여 열반문을 따라 나왔다. 대중이 모두 의아하게 여겨 실성통곡하므로 왕사가 그들을 돌아보고 말하기를 "노력하고 또 노력하라. 나로 인하여 중도에 그만두지 마라. 나는 가다가 마땅히 여흥(驪興)에서 그칠 뿐이다"라고 하였다.

한강(漢江)에 이르러 호송관(護送官)인 탁첨(卓詹)에게 이르기를 "나의 병이 심하니 배를 빌려 갑시다"라 하고 물길을 거슬러간 지 7일만에 여흥에 이르렀다. 또 탁첨에게 이르기를 "조금 머물렀다가 병이 나아지면 갑시다"고 하니 탁첨이 그 뜻을 받아들여 신륵사(神勒寺)에 머물렀다. 5월 15일에 탁첨이 또 출발하기를 독촉하므로 왕사가 이르기를 "그것은 어렵지 않습니다. 나는 이 세상을 떠날 것입니다"라 하고, 이날 진시(辰時)에 조용히 입적하였다. 군민(郡民)들이 바라보니 오색(五色) 구름이 산꼭대기에 덮여 있었다. 화장이 끝나고 유골을 씻는데, 구름 한 점 없는 하늘에서 사방 수 백보 이내에만 비가 내렸다. 사리 155과가 나왔는데 기도하니 558과로 나눠어졌다. 사부대중이 재 속에서도 얻어 스스로 감춘 것이 헤아릴 수 없었으며, 3일 간 신령한 광채가 비추었다.

승려 달여(達如)가 꿈에 용이 화장한 대 아래를 감싸고 있는 것을 보았는데, 그 모양이 말과 같았다. 사리를 실은 배가 회암사로 돌아올 때에 비가 내리지 않았는데도 물이 불어났으니, 이 모두가 여룡(驪龍)의 도움이라고 했다. 8월 15일에 부도를 회암사 북쪽 언덕에 세우고, 정골사리(頂骨舍利)는 신륵사에 두어 그곳에서 열반한 곳을 표시하였다. 석종(石鐘)으로 덮어 오인하지 않도록 경계하였다. 입적한 사실을 조정에 보고하니 시호를 선각(禪覺)이라 하고, 신 이색에게는 비문을 짓고 신 권중화로 하여금 단사(丹砂)로 비문과 전액(篆額)을 쓰게 하였다.

---

21) 인도 출신의 승려로 알려져 있으며, 중국에서 주로 활동하였다. 나옹이 그의 법맥을 계승하였고, 지공–나옹–무학으로 이어지는 법맥이 고려말 불교계를 주도하였다. 그의 저술인 『선요록(禪要錄)』, 『문수사리무생계경(文殊舍利無生戒經)』 등과 무생계첩(無生戒牒)이 남아 있어 한국불교와의 관계를 잘 보여준다.

22) 지공이 나옹에게 세 산과 두 강이 합치는 곳에 절을 짓도록 한 글이다.

23) 우왕 2년(1376)이다.

신이 삼가 살펴보니, 왕사의 이름은 혜근(惠勤)이고, 호가 나옹(懶翁)이며, 처음 이름이 원혜(元惠)였다. 세수는 57세이고, 법랍이 38세였다. 영해부(寧海府) 출신이며, 속성은 아씨(牙氏)이다. 아버지의 이름은 서구(瑞俱)이며 선관령(膳官令)을 지냈다. 어머니는 정씨(鄭氏)이며 영산군(靈山郡) 출신이다. 정씨가 꿈에 금빛 새가 날아와 그의 머리를 쪼다가 오색찬란한 알을 떨어뜨려 품에 들어오는 태몽을 꾸었다. 이로 인해 임신하여 연우(延祐) 경신년(庚申年)[24] 1월 15일에 낳았다.

나이 겨우 20세 때에 이웃 친구가 죽으니 여러 부로(父老)들에게 묻기를 "사람이 죽으면 어떻게 됩니까?"라 하니, 모두 말하기를 "알지 못한다"라고 하였다. 마음이 애통하여 공덕산(功德山)으로 달려 들어가 요연(了然) 선사에게 출가하였다. 선사가 이르기를 "너는 무엇을 위해 출가하였는가?"라 하니, 대답하기를 "삼계(三界)를 초월하여 중생을 이롭게 하는 것입니다"라 하고 또 가르침을 청하였다. 선사가 말하기를 "네가 여기에 왔으니 어떤 물건인가?"라 하니, 대답하기를 "말할 수 있고 들을 수 있어 여기에 올 수 있었습니다. 다만 닦아 나아가는 방법을 알지 못합니다"라 하였다. 선사가 말하기를, "나도 역시 너와 같이 아직 알지 못하니, 가서 다른 스승을 구하라"고 하였다.

지정(至正) 갑신년(甲申年)[25]에 회암사로 가서 밤낮으로 홀로 앉아 정진하다가 홀연히 깨달음을 얻었고, 스승을 찾아 중국에 갈 뜻을 결정하였다. 무자년(戊子年)[26] 3월에 연도(燕都)에 이르러 지공(指空)을 뵙고 법을 물었는데 서로간의 문답이 계합(契合)하였다. 10년[27] 경인(庚寅) 정월에 지공이 대중을 모아놓고 법어(法語)를 내리니 대답할 수 있는 자가 없었는데 왕사가 대중 앞에 나와서 몇 마디의 말을 하고 세 번 절한 뒤에 물러났다. 지공은 서천(西天)의 108대 조사(祖師)이다.

그해 봄에 남쪽으로 강절(江浙) 지방을 유람하고, 가을 8월에 평산처림(平山處林)[28]을 찾아갔다. 평산이 묻기를 "일찍이 어떤 사람을 보았는가?"라 하니, 대답하기를 "서천의 지공을 뵈었는데 날마다 천검(千劍)을 썼습니다"고 하였다. 평산이 이르기를 "지공의 천검은 그만두고 너의 일검(一劍)을 한 번 보여 보아라"고 하였다. 혜근이 좌구(坐具)로 평산을 덮여 씌워 끌어 당겼다. 평산은 선상(禪床)에 거꾸러져서 "도적이 나를 죽인다"고 고함을 질렀다. 왕사가 이르기를, "나의 이 칼은 사람을 죽일 수도 있고, 사람을 살릴 수도 있습니다"고 하면서 평산을 붙들어 일으켰다. 평산이 설암(雪嵒)[29]이 전한 급암(及庵)[30]의 법의(法衣)와 불

24) 충숙왕 7년(1320)이다.
25) 충목왕 1년(1344)이다.
26) 충목왕 4년(1348)이다.
27) 충정왕 2년(1350)이다.
28) 평산(1279~1361)은 원대 임제종의 선승이며, 절강성 항주 출신이다. 급암종신(及菴宗信)의 법을 잇고, 항주 정자사(淨慈寺)를 중흥하고 영은사(靈隱寺)에 머물렀다.
29) 남송, 원초에 활동한 설암조흠(雪巖祖欽, ?~1287)이다. 임제종 양기파의 선승으로 무준사범(無準師範)의 법을 이었다.

자(拂子)를 신물(信物)로 주었다.

신묘년(辛卯年)[31] 봄에 보타락가산(寶陁洛迦山)[32]에 이르러 관음보살에 예배하였다. 임진년(壬辰年)[33]에 복룡산(伏龍山)에 이르러 천암(千喦)[34]을 찾아갔다. 천암은 그 때 마침 천여 명의 승려를 모아 놓고 입실(入室)[35]할 사람을 뽑고 있었다. 천암이 어디에서 왔는지를 물으니 왕사가 대답하였다. 천암이 이르기를 "부모로부터 태어나기 전에 어디에서 왔는가?"라 하니, 왕사가 이르기를 "오늘은 4월 2일입니다"라 하니, 천암이 입실을 허락하였다.

이 해에 북쪽으로 돌아가 지공을 다시 찾아뵈었다. 지공이 법의, 불자와 범서(梵書)를 전해 주었다. 이에 연대(燕代)의 산천을 두루 돌아다녔는데, 소연(蕭然)한 한가로운 도인으로써 그 명성이 궁궐에까지 들렸다. 을미년(乙未年)[36] 가을에 황제의 명을 받들어 대도(大都)의 광제사(廣濟寺)에 머물렀다.

병신년(丙申年)[37] 10월 15일에 개당법회(開堂法會)를 열었는데, 황제는 원사(院使) 야선첩목아(也先帖木兒)를 보내어 금란가사(金襴袈裟)와 폐백(幣帛)을 하사하였으며, 황태자는 금란가사와 상아(象牙)로 만든 불자(拂子)를 갖고 와서 선사하였다. 왕사가 가사를 받고 대중에게 묻기를 "맑고 텅비어 고요하여 본래 한 물건도 없다. 찬란한 이것이 어디로부터 나왔는가?"라 하니, 대중 가운데 대답이 없었다. 왕사가 천천히 말하기를 "구중궁궐 금구(金口)[38]에서 나왔다"라 하고, 곧 가사를 입고 향을 피우고 황제의 만수무강을 축원하고 법상에 올라 앉아 주장자를 가로 잡고 몇 마디 하고 곧 내려왔다.

무술년(戊戌年)[39] 봄에 지공을 하직하고 수기(受記)를 얻어 동쪽으로 돌아오면서 가다가 머물기도 하면서 근기에 맞추어 설법하였다. 경자년(庚子年)[40]에 오대산(五臺山)에 들어가 머물렀다. 신축년(辛丑年)[41] 겨울에 왕이 내첨사(內詹事) 방절(方節)을 보내어 왕사를 개경(開京)으로 맞아들여 심요(心要)를 청해 듣고 만수가사(滿繡袈裟)와 수정불자(水精拂子)를 하사하였다. 공주는 마노불자(瑪瑙拂子)를 바쳤으며, 태후도 직접 보시를 하였다. 왕이 신광

---

30) 급암종신(及菴宗信, 생몰연대 미상)은 원대의 임제종 호구파(虎丘派)의 선승으로 앙산조흠(仰山祖欽)의 법을 이었다.

31) 충정왕 3년(1351)이다.

32) 중국 절강성 주산열도에 있는 관음신앙의 성지이다.

33) 공민왕 1년(1352)이다.

34) 원대 임제종의 천암원장(千巖元長, 1284~1357)이다. 절강성 월주 출신으로 중봉명본(中峰明本)의 법을 이었다.

35) 학인이 단독으로 방장이나 조실 등 선사의 방에 들어가 참선 수행상의 문제나 공안 등에 대해 교시, 점검, 시험을 받는 것이다.

36) 공민왕 4년(1355)이다.

37) 공민왕 5년(1356)이다.

38) 석가의 입 또는 언설을 가리킨다.

39) 공민왕 7년(1358)이다.

40) 공민왕 9년(1360)이다.

41) 공민왕 10년(1361)이다.

사(神光寺)에 머물도록 청하였으나 사양하였다. 왕이 말하기를 "나도 역시 불법(佛法)에서 물러나겠습니다"라고 하므로 어쩔 수 없이 가게 되었다.

11월에 홍건적(紅巾賊)이 경기 지방을 유린하였으므로 온 나라 사람들이 남쪽으로 달아났다. 승려들도 두려워하여 적을 피할 것을 청하였다. 왕사가 말하기를 "오직 명이 있으면 보존할 것이니 적이 어찌 할 수 있겠는가?"라고 하였다. 수일 후에 더욱 급하게 간청하였다. 이날 밤 꿈에 얼굴에 검은 반점이 있는 신인(神人)이 의관을 갖추고 예를 올리고 이르기를 "대중이 흩어지면 적이 반드시 절을 없애버릴 것이니 왕사의 뜻을 지키기 바랍니다"라고 하였다. 다음날 토지신을 모신 자리에 가서 그 용모를 보니 꿈에 본 얼굴이었고 적이 과연 오지 않았다.

계묘년(癸卯年)[42]에 구월산(九月山)에 들어갔다. 왕이 내시(內侍) 김중손(金仲孫)을 보내 돌아오도록 청했다. 을사년(乙巳年)[43] 3월에 궁궐로 나아가 있다가 물러나기를 청하여 비로소 오랜 소원을 얻어 용문산(龍門山), 원적산(元寂山) 등을 유람하였다. 병오년(丙午年)[44]에 금강산(金剛山)에 들어갔으며, 정미년(丁未年)[45] 가을에 청평사(淸平寺)에 머물렀다. 그해 겨울에 예보암(猊寶嵓)이 지공의 가사와 편지를 가지고 와서 왕사에게 전하면서 "유언한 내용입니다"라고 하였다.

기유년(己酉年)[46]에 다시 오대산에 들어갔다. 경술년(庚戌年)[47] 봄에 사도(司徒) 달예(達睿)가 지공의 영골(靈骨)을 받들고 왔으므로 회암사에 두고, 왕사가 스승의 영골에 예를 올렸다. 왕의 부름을 받아 광명사(廣明寺)에서 여름 결제(結制)를 마치고 초가을에 회암사로 돌아오니 9월에 공부선(功夫選)이 있었다.

왕사가 머물던 곳을 강월헌(江月軒)이라 한다. 왕사는 평생 세속문자를 익히지 않았으나 시를 짓자고 요청하면 붓을 잡자마자 곧 시게(詩偈)를 읊었고, 속으로 생각하지 않은 것 같았으나 내용은 심원(深遠)하였다. 만년에는 묵으로 산수 그리기를 좋아하여 도권(道權)에 가까웠다. 아! 도가 이미 통달하였으니 다방면에 능한 것이 마땅하구나! 신 이색은 삼가 머리를 조아려 절하고 비명을 짓는다.

명(銘)하여 이르기를,

위대한 선각선사여!
기린 뿔처럼 희귀하도다.

---

42) 공민왕 12년(1363)이다.
43) 공민왕 14년(1365)이다.
44) 공민왕 15년(1366)이다.
45) 공민왕 16년(1367)이다.
46) 공민왕 18년(1369)이다.
47) 공민왕 19년(1370)이다.

역대 왕들이 왕사로 모셔
인천(人天)의 안목(眼目)이로다.
무수한 납자들이 귀의하니
샛강 물이 바다로 모이는 듯
높은 경지 아는 이 없어
세운 바가 탁월하네.
태몽의 혁혁한 새 알
품속에 들도다.
열반 때의 용마(龍馬)는 상(喪)을 지키고
마침내 윤허를 받도다.
신비한 사리는
분신하여 영험함을 드러내었네.
여천강이 넓어
밝게 비춘 달이여!
공인가 색인가
상하에 통철하여
도풍을 헤아릴 수 없고
만고에 불멸하소서.

선광(宣光) 7년[48] 6월 일

[참고문헌]

劉燕庭, 1832, 『海東金石苑』(아세아문화사 영인본, 1981).
朝鮮總督府 編, 1919, 『朝鮮金石總覽』 上(아세아문화사 영인본 1976).
葛城末治, 1935, 『朝鮮金石攷』.
李智冠, 1997, 『校勘譯註 歷代高僧碑文 -高麗篇 4-』, 가산문고.
許興植, 1997, 『高麗로 옮긴 印度의 등불』, 일조각.
金曉呑, 1999, 『高麗末 懶翁의 禪思想硏究』, 민족사.
이은희, 2001, 「회암사지 선각왕사비의 양식적 고찰」 『회암사지 선각왕사비 보존』, 국립문

48) 우왕 3년(1377)이다.

화재연구소.
소재구, 2003,「회암사지 석조 유물」『묻혀있던 조선 최대의 왕실사찰, 檜嵒寺』, 경기도박물관.
趙明濟, 2004,『高麗後期 看話禪 硏究』, 혜안출판사.
성균관대학교 박물관, 2005,『고려시대 금석문 탁본전』.

2. 神勒寺 普濟舍利石鐘記

1) 解題

이 비는 경기도 여주군 북내면 천송리 신륵사에 있으며, 나옹의 사리를 안치한 석종탑을 세우면서 만든 것이다. 그의 사리 석종은 여러 곳에 세워졌는데, 신륵사 이외에도 금강산, 치악산, 소백산, 사불산, 용문산, 구룡산, 묘향산 등에 석종이 세워졌으며, 비문을 모두 이색이 찬술하였으므로 관련 내용도 『목은문고(牧隱文藁)』에 거의 수록되어 있다. 이색과 나옹 문도와의 깊은 인연이 반영된 것인데, 이는 이색이 나옹 문도와 함께 간행한 대장경을 봉안하기 위해 대장각(大藏閣)을 건립한 것에서도 잘 드러난다. 이외에 원주 영전사(令傳寺) 석종비도 현존하고 있다.

신륵사의 비는 이색이 문장을 짓고, 한수(韓脩)가 해서체로 쓴 것이며, 우왕 5년(1379)에 비석을 세웠다. 비신은 본래 음기 아래쪽이 일부 마모된 것을 제외하면 보존 상태가 양호하며 보물 229호로 지정되었다. 비의 높이는 121.2cm, 너비 60.6cm, 글자 크기 2.1cm이다.

비문의 내용은 크게 사리석종기(舍利石鐘記)와 진당(眞堂) 관련 내용으로 되어있다. 사리석종기는 일반 비와 달리 생애를 기술한 것이 아니라 신륵사에 이 석종을 안치하고 기문(記文)을 짓게 된 연유를 서술하고 있다. 또 나옹의 제자 지선이 스승의 진영을 봉안하는 진당을 건립하게 된 목적과 이유를 그대로 기록하고 그에 대해 이색이 지은 찬시를 기록하였다.

음기에는 문도와 단월이 나열되어 있다. 문도는 대선사－선사－수좌 순으로 간략하게 기록하였다. 이러한 서술 방식은 고려전기에 교종과 선종 승려가 명확하게 구분되는 것과 다르다. 고려후기에 이르러 월남사 진각국사비에 대선사－승통－선사－수좌가 차례로 등장하였고, 일연비에도 대선사와 선사 다음에 수좌가 기록되어 있다. 이와 같이 선종과 교종 승려가 뒤섞여 기록된 것은 교와 선의 교류가 이루어졌던 것을 반영하며, 고려말에는 선종이 불교계를 주도하면서 교종보다 우위에 놓인 상황을 반영하는 것으로 이해된다. 한편 선사와 수좌 이하의 승계가 기록되어 있지 않은 것은 고려말 승계가 간략화된 현상을 잘 보여준다.

대선사의 경우 가장 첫머리에 환암혼수가 기록되어 있다. 환암은 종래 태고의 문도로 알려져 있지만 나옹의 사상적 계승자라는 사실을 나옹 관련 비문에서 확인할 수 있다. 이어 선사, 수좌가 간략하게 서술되어 있으며, 비구니 문도가 함께 수록되어 있어 주목된다. 또한 문도의 인명보다 단월인 재가신도의 인명이 훨씬 많이 나열되어 있다. 이들 단월에는 당시 고위 관료와 부인들이 다수 실려 있다. 그리고 중창 관련 비구들로서 대전부터 향적당에 이르는 부존질(扶尊秩)과 번와, 석종, 석수, 목수 등 제작 담당 승려와 감독 승려 그리고 여흥군의 세력가를 열거하였다.

2) 原文

驪興郡 神勒寺 普濟舍利石鍾記

禪覺王師 普濟尊者之示寂于驪興神勒寺也 靈異赫然 疑者釋信者 益奮謀 所以起敬於千載之下 則堂而垂其像 鍾而厝舍利 盖無所不至矣 曰覺信者 實幹石鍾 而曰覺珠者 求燕石 將載其事 而徵記於穡 曰廉政堂 在川寧 往來吾寺 珠告其故 公欣然曰 吾如京 當爲上人 請一言於韓山子 韓山子必不讓矣 願先生賜之 言予曰 江月軒 普濟之所居也 普濟之身 旣火之矣 而江與月 猶夫前日也 今神勒臨長江 石鍾峙焉 月出則影倒于江 天[1]光[2]水色 燈影篆香 交襍乎其中 所謂江月軒 雖歷墨劫 如普濟之生存也 今夫普濟舍利 散而之四方 或在崔嵬雲霧之中 或在閭[3]閻[4]烟塵之內 或頂而馳 或臂而宿 其所以奉持之者 比之普濟生存之日 不啻百倍加矣 況神勒爲入寂之地 宜珠師之盡心於舍利也 神勒寺由普濟大闢道場 將永世不墜 石鍾之固 非獨與神勒爲終始 又將與此江此月 爲無窮矣 嗚呼 空華非瞥 墨刼非闊理也 而世界則有成壞焉 世界雖有成壞 而人性自若也 普濟之舍利 將與世界 有成壞歟 將與人性 爲自若歟 雖愚夫愚婦 亦知所擇矣 後之禮舍利者 歆普濟之高風 歸而求之其心 則始可以報普濟之恩矣 不然普濟之道自道也 於我何也[5]哉 是爲記

普濟尊者眞堂詩幷序

1)『총람』에는 결락.『금석원』에는 결락.
2)『총람』에는 결락.『금석원』에는 결락.
3)『총람』에는 결락.『금석원』에는 결락.
4)『총람』에는 결락.『금석원』에는 결락.
5)『금석원』에는 결락.

釋志先[6] 予未之相識也 國矚里之老嫗 引之來 其言曰 吾師禪覺之塔 先生辱賜之銘 先等固已受先生罔極之惠矣 玆又將謁先生 一言以記吾師眞堂 先生幸無麾焉 吾師於五濁惡世 現相應機譬則佛出也 是以檜巖也 猶祇樹焉 神勒也 猶雙林焉 先等攀呼悶絕 竟何益哉 回視化迹 月墮虛空餘光已盡 幸有舍利存焉[7] 所以奉之者至矣 道貌存焉 所以傳之者廣矣 今神勒石鍾 實所以厝頂骨舍利也 先等以謂後之禮舍利者 無以知吾師之道貌也 歆其風而未知其容儀之如何也 則於[8]歸仰之心 必有所慊然者矣 進瞻道貌退觀舍利 以欣以慕 夫豈無感悟於介然之頃者哉 此眞堂之所由作也 先生非知吾道者也 執筆記纂先生之事也 先生其終惠焉 予曰先也言也 是矣 今夫像設多矣 街童巷婦 豈盡知哉 必從而語之曰 是佛也 其名曰某也 是佛之弟子也 其名曰某也 然後始得展其歸仰之禮 而心冥於其像矣 不然則禪覺之眞 亦一丹靑故物爾 誰從而知之 先等區區之心無以白於將來 宜其請之廑也 故不辭而系以詩 後之讀者 幸無譏焉 土木工程 常事也 故不書 其詩曰

道之云妙　匪無匪有　於戲畫像　與衆孰愈
凜然其生　秀色天成　有來拜者　如聞其聲

推忠保節 同德贊化功臣 三重大匡 韓山君 領藝文春秋館事 兼成均大司成 李穡 撰
輸忠贊化功臣 大匡 上黨君 進賢館大提學 臣韓脩 奉敎書
蒼龍己未 五月十五日 門人 覺珠 覺惺 覺宏 等立石　刻手 李仁丛

(陰記)

門生

前住松廣 廣通無礙 圓妙大智 普濟大禪師 脩幻菴
前住光巖 正智圓明 應物無礙 捴持國一大禪師 昇杲[9]山
□□□□光 大禪師 源本空
水月寺住持 大禪師 智淵
普光寺住持 禪師 覺瑚

首座 達順 首座 無學 戒行 戒哲 □□ □□ 宏如 宏淑 天圭 可中 覺同 覺宗 竹悟 覺空 覺芬 普明 覺照 覺永 覺希 覺蘭 護明 □□ □□ 戒生 志寶 志一 覺敬 志正 安分 覺守

比丘尼 淨業院住持 妙峯 妙德 妙玎 妙信 妙海 妙海 □□ □□ 妙惠 妙重 妙憲 妙玄 妙瓊 妙因 妙珍 妙玲 妙閑 月眉 妙澄 妙捴 妙幢 妙應 妙善 □□

檀越

---

6) 『총람』에는 결락.
7) 『금석원』에는 결락.
8) 『총람』에는 결락.
9) 『총람』에는 결락.

永昌府院君 瑜

曲城府院君 廉悌臣

順城君 挺

司空 覺祥

司空 志超

章佩監大卿 龜城府院君 金□□ □□□[10)]

門下侍中 淸原府院君 慶復興

守門下侍中 廣平府院君 李仁任

判三司事 鐵原府院君 崔瑩

門下贊成事 □□□□□ 睦仁吉

前三司右使 金續命

判崇敬府事 李得芬

南陽君 洪永通

前判開城府事 李成林

前政堂文學 □□□

□□□[11)]山君 朴成亮

中原君 劉完

密直司使 都吉敷

前開城尹 李邦直

前開城尹 柳珣

前版圖判書 趙茂

前典□□□□□[12)]繼生

前禮儀判書 權僖

前典工判書 洪義龍

前典工判書 柳之隰

晋州牧使 金仲光

忠州牧使 金存誠

□□□□寺事 卞南龍

前判典客寺事 李貴榮

判典校寺事 趙云仡

---

10) 『총람』에는 결락.

11) 『총람』에는 결락.

12) 『총람』에는 결락.

前判軍器寺事 尹順

前三司左尹 金九容

前□□□□□□[13]瑚

得通居士 林萬里

前大護軍 李天明

前典儀令 趙思謙

知驪興郡事 吳璿

前中顯大夫 曹臣乙

前□□□□□

護軍 任彦忠

護軍 趙璟

前知淸風郡事 金承弼

前將軍 元垕

前開城少尹 李乙琳

前典醫副正 辛繼芳

□□□□□[14]事 李璘

前典醫副正 梁允奇

前全州判官 高天具

前中郎將元老 朴思儉

前郎將 金釣 辛子溫

□□□□□□□[15]良　李覺卿

郎將 李得桂

進士 元天錫

判軍器寺事 金克恭

知豐州事 柳滋

前判事 洪元老

淑寧翁主 金氏妙善

貞信宅主 安氏

僉議贊成事 金得培妻 薑州郡夫人 金氏妙叟

北原郡夫人 元氏妙守

---

13)『총람』에는 결락.

14)『총람』에는 결락.

15)『총람』에는 결락.

□□□□人 朴氏
晋康郡 鄭氏
上洛郡 金氏妙英
晉陽郡 柳氏妙玄
永興郡 康氏妙全
上黨郡 李氏妙明
上洛郡 □□□□
鈴平郡 尹氏妙英
上洛郡 金氏妙明
鈴平郡 尹氏妙蘭
金堤郡 趙氏
羅州郡 羅氏妙善
善州郡 金氏妙德
□□□ 劉氏
丹陽郡 池氏

優婆塞 李天白 崔龍哲 貞蘭 元松 志宗 白松 高連 廣大 難大 全呂□ □□□ □覺根 金覺持 海富 金加羅大 李夫介 金紅白 趙斤金 金石伊 韓祐 崔覺希 甲寅 辛贊□□□□□ 元呂羅卜 李自仚 李莊 洞伊

重創緣化 門生名目

大殿 志瓊 覺守 心正
祖堂 志先 志守 志捻
僧堂 宏昷 惠文
禪堂 覺緣 覺厶
鍾樓 覺禪
東□□ □松
西翼堂 志延
南行廊 覺超 志衍
香積堂 信堅
燔瓦 志清 慈行 志惠
石鍾 首座 覺信 覺如 一行 覺恢 志□ □□ □□ 志希 覺崇 志信 志興
都事 覺緣
監寺 冏輝
典座 海順

石手 智明 金末 乙只

木手 天一 覺演 覺隅 覺淸 □□ □□

驪興郡 座主 趙英祐

戶長 閔藝 閔淸 金瑚

前戶長 閔謙

詔文記官 金秀

記官 閔暢

3) 飜譯文

여흥군(驪興郡) 신륵사(神勒寺) 보제선사(普濟禪師) 사리(舍利) 석종기(石鐘記)

선각왕사(禪覺王師)[16]인 보제존자(普濟尊者)[17]가 여흥 신륵사에서 입적하였다. 이때에 신령스런 기적이 뚜렷하게 드러났다. 그것을 의심하였던 승려 각신(覺信)이 더욱 분발할 것을 모의하여 천년 후까지 공경함을 일으키고자 하였다. 그리하여 당(堂)을 짓고 영정을 모시고 석종을 만들어 사리를 모셨는데, 모두 다하지 않은 바가 없었다. 각신이 실제로 석종 불사를 맡았고, 각주(覺珠)는 비석에 사용할 돌을 구하였다. 장차 그 일을 새기려고 비문을 이색에게 부탁하고자 하였다.

그때에 염(廉) 정당(政堂)[18]이 천녕(川寧)[19]에 있었는데 신륵사에 왕래하였다. 각주가 그 이유를 아뢰니 공이 흔쾌히 이르기를, "내가 개경에 가서 마땅히 상인(上人)[20]을 위해 한 말씀을 한산자(韓山子)[21]에게 청하겠습니다. 이색이 반드시 사양하지 않을 것입니다"라고 하였다.

그리하여 나에게 해주기를 원하므로 내가 말하기를, "강월헌(江月軒)은 보제가 머물던 곳이다. 보제의 육신은 이미 불에 타서 없어졌으나, 강과 달은 오히려 예전과 같다. 지금 신륵사는 장강(長江)을 굽어보고 있으며, 석종탑은 우뚝 솟아있다. 달이 뜨면 달그림자가 강물 속에 거꾸로 비쳐 하늘빛과 물색과 등불 그림자와 향 연기가 그 가운데 서로 섞이니 이

16) 우왕(禑王)이 추증한 나옹의 시호이다.
17) 공민왕 21년(1371)에 나옹이 왕사로 책봉되면서 받은 법호이다.
18) 염제신(廉悌臣, 1304~1382)을 가리킨다. 종2품 정당문학 등의 관직을 역임하였다. 본관은 서원(瑞原)이며, 염승익(廉承益)의 손자이다.
19) 경기도 여주군 흥천면 효지리의 옛 이름이다.
20) 지덕(智德)을 갖추고 승속(僧俗)의 스승이 될 만한 승려에 대한 경칭이다.
21) 이색을 가리킨다. 한산은 이색의 본관이다.

른바 강월헌이라 한다. 비록 묵겁(墨劫)[22]이 지나갔더라도 보제가 살아 있을 때와 같다. 이제 보제의 사리는 사방으로 흩어져서 구름과 안개 속에 있거나 또는 마을 굴뚝 재 안에 있거나 또는 머리에 이고 달리거나, 또는 팔에 안고 자기도 한다. 이와 같이 지극하게 사리를 받드는 것은 보제가 살아 계실 때와 비교하면 백배 이상으로도 견줄 수 없다. 하물며 신륵사는 보제가 입적한 곳이므로, 마땅히 각주는 사리에 온 정성을 다하였다. 신륵사는 보제로 말미암아 도량이 크게 열렸고 장차 영원히 무너지지 않을 것이며, 석종의 견고함은 신륵사와 더불어 처음과 끝을 같이 할 뿐만 아니라 또한 장차 이 강과 달과 더불어 무궁할 것이다. 아! 허공의 꽃은 실제로 본 것이 아니며,[23] 묵겁은 긴 시간이 아니다. 세계는 이루어지고 무너짐이 있고, 세계가 비록 이루어지고 무너짐이 있어도 인성(人性)은 태연하다. 보제의 사리가 장차 세계와 더불어 이루어지고 무너짐이 있을 것인가! 아니면 인성과 같이 태연할 것인가! 비록 어리석은 사람일지라도 어느 쪽이 옳은 지를 알 것이다. 뒷날에 이 사리에 예를 하는 사람들은 보제의 고상한 풍모를 흠모하고 귀의하여 그 마음을 구하면 비로소 보제의 은혜에 보답하는 것이 될 것이다. 그렇지 않다면 보제의 도는 보제에게만 필요한 것이지 나에게 무슨 의미가 있겠는가!"라 하고 이를 기록하였다.

보제존자 진당시(眞堂詩)와 서문

승려 지선(志先)은 내가 아직 서로 알지 못하는데, 국신리(國贐里)의 할머니가 안내하여 왔다. 그가 말하기를 "우리 스승인 선각(禪覺)의 탑은 선생께서 황공하게도 비명(碑銘)을 지어 주셨으므로 지선 등이 참으로 선생에게 망극한 은혜를 받았습니다. 이에 또 선생을 찾아뵙는 것은 한 마디로 말씀드려서 우리 스승의 진당에 대한 찬시(讚詩)를 지어주시면 선생에게 반가움이 더할 나위가 없겠습니다. 우리 스승이 오탁악세(五濁惡世)[24]에 나타나 중생의 근기에 따라 제도함은 비유컨대 마치 부처님이 나오신 것과 같습니다. 그러므로 회암사는 기수(祇樹)[25]와 같고, 신륵사는 쌍림(雙林)[26]과 같습니다. 지선 등이 의지하고 번민하더라도 무슨 이익이 있겠습니까? 스승의 행적을 되돌아보면, 달이 허공에서 떨어지고 남은 빛도 이미 다했는데 다행히 사리가 남아 있으므로 받드는 자가 이르고 또한 도의 풍모가

---

22) 진묵겁, 삼천진묵겁, 오백진묵겁 등의 준말이다. 아득한 세월을 비유한 표현이다.

23) 공화는 실재하지 않는 허공의 꽃이다. 『원각경(圓覺經)』「문수장(文殊章)」에 나오는 표현이다. 본래 실체가 없는 곳에서 헛된 견해를 일으켜 실체가 있는 것처럼 착각하여 집착하는 것을 눈병이 있는 사람이 아무 것도 없는 공중에 마치 꽃이 있는 듯이 오인하는 것에 비유한 말이다.

24) 사겁(四劫) 중의 주겁(住劫)의 감겁(減劫 : 인간의 수명이 감소하는 기간)에 일어나는 다섯 재액을 오탁이라 하는데, 겁탁(劫濁), 견탁(見濁), 번뇌탁(煩惱濁), 중생탁(衆生濁), 수명탁(壽命濁) 등이다. 오탁이 일어나는 시대를 오탁악세라고 한다.

25) 코살라국의 수도인 사위성 남쪽에 세운 절이며, 기원정사라고 한다. 붓다가 자주 머물며 설법하여 초기불교의 대표적인 가람이다.

26) 부처가 열반한 곳을 가리킨다.

남아 있으므로 전하는 자들이 널리 전할 것입니다. 지금 신륵사의 석종에 실제로 정골사리를 봉안하고 있습니다. 지선 등이 생각하건대, 후에 사리에 예경하는 이가 우리 스승의 도의 풍모를 알지 못하거나, 그 도풍을 흠모하더라도 그 모습이 어떠한지를 알지 못한다면 귀의하는 마음에 반드시 부족하게 여기는 바가 있을 것입니다. 나아가 도의 풍모를 보고 물러나와 사리를 보면 흔쾌히 사모하니 어찌 잠깐 사이라도 깨달음이 없겠습니까? 이것이 진당을 짓는 이유입니다. 선생께서는 우리 도를 알지 못하지만 붓을 잡고 기록하는 것이 선생의 일입니다. 선생은 그 끝을 은혜롭게 하십시오"라고 하였다.

나는 지선의 말이 옳다고 말하였다. 지금 불상을 세우는 곳이 많다. 저자거리의 아이들과 부인들이 어찌 모두 알겠는가? 반드시 따라가서 말하기를, "이것은 불상이니 그 이름이 아무개 부처이다. 또 이는 부처님의 제자이며 그 이름이 아무개이다"라고 하였다. 그런 다음에야 비로소 귀의하여 우러르는 예를 얻으며, 마음이 그 상(像)에 합쳐지게 된다. 그렇지 않으면 선각의 진영도 또한 하나의 단청(丹靑) 고물에 불과할 것이니, 누가 따라가서 알려고 하겠는가? 지선 등이 구구한 마음으로 장래에 아뢸 데가 없다고 하였으므로 마땅히 청하는 것이 정성스러웠다. 그러므로 사양하지 못하고 시로써 마무리를 지었다. 후에 이 글을 읽는 사람들이 꾸짖지 않으면 다행이겠다. 토목 공사의 과정은 항상 있는 일이므로 쓰지 않았다. 시는 다음과 같다.

도라고 말하는 것은 오묘하니 없는 것도 아니며 있는 것도 아니다.
아아! 화상이여 무리 가운데 누구보다 낫도다.
위엄이 높은 생애, 빼어난 색이 저절로 이루어졌도다.
와서 예배하는 자, 육성을 생생하게 듣는 듯하네!

추충보절(推忠保節) 동덕찬화공신(同德贊化功臣) 삼중대광(三重大匡) 한산군(韓山君) 영예문춘추관사(領藝文春秋館事) 겸 성균대사성(成均大司成) 이색이 지음.

수충찬화공신(輸忠贊化功臣) 대광(大匡) 상당군(上黨君) 진현관(進賢館) 대제학(大提學) 신 한수(韓脩)가 왕명을 받들어 씀.

창룡기미(蒼龍己未)[27] 5월 15일

문인 각주(覺珠), 각성(覺惺), 각굉(覺宏) 등이 비석을 세움.
각수(刻手)는 이인린(李仁忷).

27) 창룡은 개국조의 첫 연호를 가리키므로 여기서는 명 태조의 개국 연호인 홍무(洪武)이며, 기미년은 홍무 12년(우왕 5년, 1379)이다.

【음기(陰記)】

문생(門生)

전주송광(前住松廣) 광통무애(廣通無礙) 원묘대지(圓妙大智) 보제대선사(普濟大禪師) 수환암(脩幻菴)

전주광암(前住光巖) 정지원명(正智圓明) 응물무애(應物無礙) 총지국일대선사(摠持國一大禪師) 승고산(昇杲山)

□□□□광대선사(□□□□光大禪師) 원본공(源本空)

수월사(水月寺) 주지(住持) 대선사(大禪師) 지연(智淵)

보광사(普光寺) 주지(住持) 선사(禪師) 각호(覺瑚)

수좌(首座) 달순(達順) 수좌(首座) 무학(無學) 계행(戒行) 계철(戒哲) □□ □□ 굉여(宏如) 굉숙(宏淑) 천규(天圭) 가중(可中) 각동(覺同) 각종(覺宗) 죽오(竹悟) 각공(覺空) 각분(覺芬) 보명(普明) 각조(覺照) 각영(覺永) 각희(覺希) 각란(覺蘭) 호명(護明) □□ □□ 계생(戒生) 지보(志寶) 지일(志一) 각경(覺敬) 지정(志正) 안분(安分) 각수(覺守)

비구니(比丘尼) 정업원(淨業院)[28] 주지(住持) 묘봉(妙峯) 묘덕(妙德) 묘간(妙玕) 묘신(妙信) 묘해(妙海) 묘해(妙海) □□ □□ 묘혜(妙惠) 묘중(妙重) 묘헌(妙憲) 묘현(妙玄) 묘경(妙瓊) 묘인(妙因) 묘진(妙珍) 묘령(妙玲) 묘한(妙閑) 월미(月眉) 묘징(妙澄) 묘총(妙摠) 묘당(妙幢) 묘응(妙應) 묘선(妙善) □□

단월(檀越)

영창부원군(永昌府院君) 유(瑜)

곡성부원군(曲城府院君) 염제신(廉悌臣)

순성군(順城君) 정(挺)

사공(司空) 각상(覺祥)

사공(司空) 지초(志超)

장패감대경(章佩監大卿) 귀성부원군(龜城府院君) 김□□(金□□) □□□

문하시중(門下侍中) 청원부원군(淸原府院君) 경복흥(慶復興)

수문하시중(守門下侍中) 광평부원군(廣平府院君) 이인임(李仁任)

판삼사사(判三司事) 철원부원군(鐵原府院君) 최영(崔瑩)

문하찬성사(門下贊成事) □□□□□ 목인길(睦仁吉)

전삼사우사(前三司右使) 김속명(金續命)

판숭경부사(判崇敬府事) 이득분(李得芬)

---

28) 고려, 조선 시대에 도성 내에 있던 비구니 절이다. 불교 억압정책에 따라 선조 대에 폐지되었다.

남양군(南陽君) 홍영통(洪永通)
전판개성부사(前判開城府事) 이성림(李成林)
전정당문학(前政堂文學) □□□
□□□산군(□□□山君) 박성량(朴成亮)
중원군(中原君) 유완(劉完)
밀직사사(密直司使) 도길부(都吉敷)
전개성윤(前開城尹) 이방직(李邦直)
전개성윤(前開城尹) 유구(柳珣)
전판도판서(前版圖判書) 조무(趙茂)
전전(前典)□□□□ □ 계생(繼生)
전예의판서(前禮儀判書) 권희(權僖)
전전공판서(前典工判書) 홍의룡(洪義龍)
전전공판서(前典工判書) 유지습(柳之隰)
진주목사(晉州牧使) 김중광(金仲光)
충주목사(忠州牧使) 김존성(金存誠)
□□□□시사(□□□□寺事) 변남룡(卞南龍)
전판전객시사(前判典客寺事) 이귀영(李貴榮)
전전교시사(前典校寺事) 조운흘(趙云仡)
전판군기시사(前判軍器寺事) 윤순(尹順)
전삼사좌윤(前三司左尹) 김구용(金九容)
전(前)□□□□□ □□호(□□瑚)
득통거사(得通居士) 임만리(林萬里)
전대호군(前大護軍) 이천명(李天明)
전전의령(前典儀令) 조사겸(趙思謙)
지여흥군사(知驪興郡事) 오선(吳璿)
전중현대부(前中顯大夫) 조신을(曹臣乙)
전(前)□□ □□□
호군(護軍) 임언충(任彦忠)
호군(護軍) 조경(趙璟)
전지청풍군사(前知淸風郡事) 김승필(金承弼)
전장군(前將軍) 원후(元垕)
전개성소윤(前開城少尹) 이을림(李乙琳)
전전의부정(前典醫副正) 신계방(辛繼芳)

□□□□□사(□□□□□事) 이린(李璘)

전전의부정(前典醫副正) 양윤기(梁允奇)

전전주판관(前全州判官) 고천구(高天具)

전중랑장원로(前中郎將元老) 박사검(朴思儉)

전낭장(前郎將) 김조(金釣) 신자온(辛子溫)

□□□□□□□랑(□□□□□□□良) 이각경(李覺卿)

낭장(郎將) 이득계(李得桂)

진사(進士) 원천석(元天錫)

판군기시사(判軍器寺事) 김극공(金克恭)

지풍주사(知豐州事) 유자(柳滋)

전판사(前判事) 홍원로(洪元老)

숙령옹주(淑寧翁主) 김씨묘선(金氏妙善)

정신택주(貞信宅主) 안씨(安氏)

첨의찬성사(僉議贊成事) 김득배(金得培) 처(妻) 동주군부인(董州郡夫人) 김씨묘경(金氏妙㷡)

북원군부인(北原郡夫人) 원씨묘수(元氏妙守)

□□□□인(□□□□人) 박씨(朴氏)

진강군(晋康郡) 정씨(鄭氏)

상락군(上洛郡) 김씨묘영(金氏妙英)

진양군(晋陽郡) 유씨묘현(柳氏妙玄)

영흥군(永興郡) 강씨묘전(康氏妙全)

상당군(上黨郡) 이씨묘명(李氏妙明)

상락군(上洛郡) □□□□

영평군(鈴平郡) 윤씨묘영(尹氏妙英)

상락군(上洛郡) 김씨묘명(金氏妙明)

영평군(鈴平郡) 윤씨묘란(尹氏妙蘭)

김제군(金堤郡) 조씨(趙氏)

나주군(羅州郡) 나씨묘선(羅氏妙善)

선주군(善州郡) 김씨묘덕(金氏妙德)

□□□ 유씨(劉氏)

단양군(丹陽郡) 지씨(池氏)

우바새(優婆塞) 이천백(李天白) 최용철(崔龍哲) 정란(貞蘭) 원송(元松) 지종(志宗) 백송(白松) 고련(高連) 광대(廣大) 난대(難大) 전여□(全呂□) □□□ □각근(□覺根) 김각지(金覺持)

해부(海富) 김가라대(金加羅大) 이부개(李夫介) 김홍백(金紅白) 조근금(趙斤金) 김석이(金石伊) 한우(韓祐) 최각희(崔覺希) 갑인(甲寅) 신찬□(辛贊□) □□ □□ 원려(元呂) 나복(羅卜) 이자선(李自侖) 이장(李莊) 동이(洞伊)

중창연화(重創緣化) 문생명목(門生名目)

대전(大殿) 지경(志瓊) 각수(覺守) 심정(心正)

조당(祖堂) 지선(志先) 지수(志守) 지총(志摠)

승당(僧堂) 굉참(宏昆) 혜문(惠文)

선당(禪堂) 각연(覺緣) 각린(覺厸)

종루(鐘樓) 각선(覺禪)

동□□(東□□) □송(□松)

서익당(西翼堂) 지연(志延)

남행랑(南行廊) 각초(覺超) 지연(志衍)

향적당(香積堂) 신견(信堅)

번와(燔瓦) 지청(志淸) 자행(慈行) 지혜(志惠)

석종(石鐘) 수좌(首座) 각신(覺信) 각여(覺如) 일행(一行) 각회(覺恢) 지□(志□) □□ □□ 지희(志希) 각숭(覺崇) 지신(志信) 지흥(志興)

도사(都事) 각연(覺緣)

감사(監寺) 경휘(冏輝)

전좌(典座) 해순(海順)

석수(石手) 지명(智明) 금말(金末) 을지(乙只)

목수(木手) 천일(天一) 각연(覺演) 각우(覺隅) 각청(覺淸) □□ □□

여흥군(驪興郡) 좌주(座主) 조영우(趙英祐)

호장(戶長) 민예(閔藝) 민청(閔淸) 김호(金瑚)

전 호장 민겸(閔謙)

조문기관(詔文記官) 김수(金秀)

기관(記官) 민창(閔暢)

[참고문헌]

劉燕庭, 1832,『海東金石苑』(아세아문화사 영인본, 1981).

朝鮮總督府 編, 1919,『朝鮮金石總覽』上(아세아문화사 영인본 1976).

李智冠, 1997,『校勘譯註 歷代高僧碑文－高麗篇 4－』, 가산문고.

許興植, 1997,『高麗로 옮긴 印度의 등불』, 일조각.

趙明濟, 2004,『高麗後期 看話禪 研究』, 혜안출판사.

성균관대학교 박물관, 2005,『고려시대 금석문 탁본전』.

3. 太古寺 圓證國師碑

1) 解題

이 비는 경기도 고양시 덕양구 북한동 태고사에 있으며, 주인공은 태고보우(太古普愚, 1301~1382)이다. 비는 우왕 11년(1385)에 세워졌으며, 귀부와 운문(雲紋)과 연화문(蓮花紋)의 이수로 구성되어 있으며 보물 제611호로 지정되었다. 비신은 보존 상태가 양호하나 아래쪽 일부가 마모되었다. 비신은 높이 2.27m, 너비 1.07m, 글자 크기 2.7㎝이다. 비문은 이색(李穡)이 짓고, 권주(權鑄)가 해서체로 글씨를 썼다. 태고의 기념물은 이외에도 가은 양산사와 양평 사나사에 석종이, 미원 미지산 소설암에 석탑이 세워졌다.

비문에는 태고의 생애와 사상, 활동 등이 간략하게 기록되어 있으며, 음기에는 문도와 단월의 인명이 나열되어 있다. 문도는 대선사 이상 95인, 선사 107인, 운수(雲水) 1003인 가운데 대표적인 인명만이 기재되어 있다. 대선사와 선사 이외의 하위 승계는 모두 운수로 수록되었고, 승계가 간략하게 구성된 기술 방식은 나옹의 석종비와 마찬가지이다. 한편, 재가신도는 고위 관료 위주로 나열되어 있다.

태고는 고려말의 대표적인 선승이지만 그러한 불교사의 위상보다 오히려 '한국불교의 중흥조'이자 조계종의 시조로 현창되었다. 이러한 시각은 학계의 연구에도 일정하게 반영되었지만, 실제의 역사상과 차이가 있다. 태고에 대한 평가는 조선후기 불교사의 흐름이나 현재의 불교계의 상황과 관련된다. 실제 고려말의 불교계는 태고보다 나옹 계통이 불교계를 주도하였다. 그런데 17세기에 서산휴정의 문하인 편양언기(鞭羊彦機), 중관해안(中觀海眼) 등이 '태고법통설'을 제시하면서 태고는 조선후기 이래 임제 법통을 대표하는 선승으로 추앙되었다.

이러한 흐름은 하나의 전통으로 굳어져 일제시기까지 이어졌다. 그러나 1950년대에 '비구·대처승분쟁'이 일어나면서 비구승 계열이 '지눌법통설'을 제기하였고, 조계종이 출범하면서 지눌을 종조로 보는 견해가 수용되었다. 하지만 '지눌법통설'을 비판하면서 태고가 임제종의 정통을 계승한다는 주장이 여전히 제기되고 있다. 이러한 법통설 문제는 조선후기 불교사의 맥락에서 이해하여야 하며, 정통성의 차원에서 거론되는 것은 문제가 있다고 하겠다.

한편 비문을 통해 태고의 선사상과 행적이 어떠한가를 잘 알 수 있다. 태고는 출가 이후 일관되게 간화선을 중시하였고, '무자'화두를 통해 깨달음을 얻었다. 아울러 그는 중국 강남을 순례하면서 석옥의 인가를 받아 임제종의 법통을 계승하였다. 그가 표방한 간화선은 대혜(大慧)가 제시한 '무자'화두 중심의 수행법을 철저하게 준수하였고, 14세기에 수용된 『몽산법어(蒙山法語)』, 『선요(禪要)』 등의 선적을 통해 정형화된 스타일의 화두 참구법을 따른 것이다.

나아가 태고의 경우, 간화선 일변도의 선사상을 강조하면서 임제선(臨濟禪) 법통설(法統說)과 유심정토설(唯心淨土說)을 중시하는 등 선종의 종파적 우월성을 강조하는 이른바 선종 절대화의 경향으로 나아갔다. 이러한 경향은 다양한 종파와 함께 존재하던 선종이 고려말에 이르러 명실상부하게 불교계의 주도권을 장악하면서 스스로의 우월성과 정당성을 주장하기 위한 의도와 관련된다. 이와 같이 고려말에 이르러 불교가 선종 절대화의 경향으로 쏠림으로써 다양한 불교사상의 공존을 불가능하게 하였을 뿐만 아니라 새로운 단계로 불교가 발전할 수 있는 길을 스스로 차단하는 결과를 가져왔다. 나아가 불교계가 당시 사대부의 불교 비판론에 현실적인 대응을 하지 못하고, 주자학에 사상적 주도권을 넘겨주게 되었던 것이다.

2) 原文

圓證國師塔銘 (篆題)

高麗國 國師 大曹溪嗣祖 傳佛心印 行解妙嚴 悲智圓融 贊理王化 扶宗樹教 大願普濟一國大宗師 摩訶悉多羅 利雄尊者 謚圓證 塔銘 幷序

推忠保節 同德贊化功臣 三重大匡 韓山府院君 領藝文春秋館事臣 李穡奉　教撰

前奉翊大夫 判典校寺事 進賢館提學 臣 權鑄 奉　教書 丹幷篆額

上之十一年 正月十日 左代言 臣 仲容 傳旨 若曰 國師大古浮圖 汝其銘之 臣 謹案 國師諱普愚 號大古 俗姓洪氏 洪州人也 考諱延 贈開府儀同三司 上柱國 門下侍中 判吏兵部事 洪陽公 妣鄭氏 贈三韓國大夫人 夫人夢 日輪入懷 旣而有娠 以大德五年辛丑 九月二十一日 生師　師成童 頴悟絕倫 十三投檜巖廣智禪師出家 十九叅萬法歸一話 元統癸酉 寓城西甘露寺 一日疑團剝落 作頌八句 佛祖與山河 無口悉呑却 其結句也　後至元丁丑 師年三十七冬 寓梅檀園 參無

字話 明年正月初七日五更 豁[1]然大悟作頌八句 打破牢關後 淸風吹大古 其結句也 三月 還楊根草堂 侍親也 師嘗看千七百則 至巖頭密啓處 過不得良久 忽然捉敗 冷笑一聲云 巖頭雖善射不覺露濕衣 辛巳春 住漢陽三角山重興寺 卓菴[2]於東峰 扁曰大古 倣永嘉體 作歌一篇 至正丙戌 師年四十六 遊燕都 聞竺源盛禪師 在南巢 往見之 則已逝矣 至湖州霞霧山 見石屋珙禪師具陳所得 且獻大古菴[3]歌 石屋深器之 問日用事 師答訖 徐又啓曰 未審此外 還更有事否 石屋云 老僧亦如是 三世佛祖亦如是 遂以袈裟表信曰 老僧今日展脚睡矣 屋臨濟十八代孫也 留師半月臨別 贈以柱杖曰 善路善路 師拜受 迴至燕都 道譽騰播 天子聞之 請開堂于永寧寺 賜金襴袈裟 沉香拂子 皇后皇太子 降香幣 王公士女 奔走禮拜 戊子春東歸 入迷源小雪山 躬耕以養者四年 歲壬辰夏 玄陵邀師不應 再遣使 請益勤 師乃至秋 力辭還山 未幾 日新亂作 丙申三月 請師說法于奉恩寺 禪教俱集 玄陵親臨 獻滿綉袈裟 水精念珠 及餘服用 師陞座 闡揚宗旨 天子賜雜色段疋袈裟三百領 是日分賜禪敎碩德 法筵之盛 古所未有 師請還山 玄陵曰 師不留我倍道矣四月二十四日 封爲王師 立府曰圓融 置僚屬長官正三品 尊崇之至也 留居廣明寺 明年 辭位不允 師夜遁 玄陵知師志不可奪 悉送法服印章于師所 壬寅秋 請住陽山寺 癸卯春 請住迦智寺 師皆應命 丙午十月 辭位 封還印章 仍乞任性養眞 玄陵從之 辛旽用事故也 先是師上書論旽曰 國之治 眞僧得其志 國之危 邪僧逢其時 願上察之遠之 宗社幸甚 戊申春 寓全州普光寺 旽必欲置師死地 百計莫能中 後以師將遊江浙 白玄陵曰 大古蒙恩至矣 安居送老 是渠職也 今欲遠遊 必有異圖 請上加察 其言甚急 玄陵不得已從之 旽下其事 雜訊之 誣服師之左右 錮于俗離寺 己酉三月 玄陵悔之 請還小雪 辛亥七月 旽誅 玄陵遣使備禮 進封國師 請住瑩源寺 師以疾辭 有旨遙領寺事 凡七年 戊午冬 被今上命 始至寺 居一年而還 辛酉冬 移陽山寺 入院之日 上再封國師 先君之思也 壬戌夏 還小雪 冬十二月十七日 感微疾 二十三日 召門人曰[4] 明日酉時 吾當去矣 可請知郡 封印口占辭世狀數通 時至沐浴更衣 端坐說四句偈 聲盡而逝 訃聞于上 上甚悼癸亥正月十二日 降香茶毗 其夜 光明屬天 舍利無筭 進百枚于內 上益敬重焉 命攸司 謚曰圓證樹塔于重興寺之東峰 曰寶月昇[5]空 作石鐘 藏舍利者 凡三所 加恩陽山 楊根舍那 是寺浮圖之傍 所立是 已作石塔 以藏之者 迷源小雪也 臣[6] 穡 竊伏惟念 先王崇信釋教 可謂極矣 而讒說行乎其間 大古扶持宗教 亦可謂至矣 而患難及于其躬 此所以因緣果報 雖聖人 有所不能免也歟至於聲名 洋溢華夏 舍[7]利 照耀古今代 豈多見哉 臣[8]穡 再拜稽首 而銘曰

---

1) 『총람』에는 割.
2) 『총람』에는 奄.
3) 『총람』에는 庵
4) 비문에 글자가 깨어져 보이지 않으나 『금석원』의 원문에 따라 기재하였다. 『총람』에는 결락.
5) 비문에 글자가 깨어져 보이지 않으나 『금석원』의 원문에 따라 기재하였다. 『총람』에는 결락.
6) 『총람』에는 결락.
7) 비문에 글자가 깨어져 보이지 않으나 『금석원』의 원문에 따라 기재하였다. 『총람』에는 결락.
8) 『총람』에는 결락.

惟師之心　海濶天臨　惟師之跡　浮怀飛錫
歸而遇知　王者之師　躬耕小雪　隱現維時
時維鷲城　竊弄刑名　如雲蔽日　何損於明9)
月墜崐崘　餘光之存　舍利晶瑩　照耀王10)門
惟三角山　翠倚雲端　樹塔其下　興國恒安
惟師之風　播于大東　臣拜作銘　庶傳無窮11)
洪武十八年乙丑 九月十一日 門人 前松廣寺住持 大禪師 釋宏 立石

(陰記)

門徒
國師 智雄尊者 混脩
王師 圓應尊者 粲英
內願堂 妙嚴尊者 祖異
內願堂 國一都大禪師 元珪
都大禪師 廣化君玄朲12)
大禪師
守西 祖宏 慈紹 旋軫 一寧 定柔 尙聰 惠廉 慧深 慶敦 等九十人
禪師
信規 昆皎 德齊13) 義瓊 壽允 乃由 乃圭 省岑 天亘 惟昌 等百七人
雲水
法空 定乳 幻如 達生 省明 中哲 卜南 定一 祖行 省因 法慈 法淳 達心 省如 希儼 明會 覺明 善見 希悟 可信 可生 止川 雪仍 宣正 可雲 可印 雪祥 雪岡 雪思 雪栖 了幻 雪珍 可松 可淳 乃寧 若无 等千三人

漆原府院君 尹桓
領三司事 李仁任
判門下 崔瑩
門下侍中 林堅味

---

9) 비문에 글자가 깨어져 보이지 않으나『금석원』의 원문에 따라 기재하였다.『총람』에는 결락.
10)『총람』에는 玉.
11) 비문에 글자가 깨어져 보이지 않으나『금석원』의 원문에 따라 기재하였다.
12)『총람』에는 결락.
13)『총람』에는 濟.

守門下侍中 李成林
判三司事 李成桂
鐵城府院君 李琳
三司左使 廉興邦
贊成事 禹仁烈
延興君 朴形
開城君 王福命
上黨君 韓藏
門下評理 潘益淳
政堂文學 李仁敏
金海君 金師幸
密山君 朴成亮
知申事 廉廷秀
典工判書 崔敬萬
金海府使 李希桂
三韓國大夫人 李氏
比丘尼 妙安
典工判書 金仁貴

3) 飜譯文

원증국사탑명(圓證國師塔銘) (전액(篆額))

고려국(高麗國) 국사(國師) 대조계사조(大曹溪嗣祖) 전불심인(傳佛心印) 행해묘엄(行解妙嚴) 비지원융(悲智圓融) 찬리왕화(贊理王化) 부종수교(扶宗樹敎) 대원보제(大願普濟) 일국대종사(一國大宗師) 마하실다라(摩訶悉多羅) 이웅존자(利雄尊者) 시원증탑명(謚圓證塔銘)과 서문(序文)

추충보절(推忠保節) 동덕찬화공신(同德贊化功臣) 삼중대광(三重大匡) 한산부원군(韓山府院君) 영예문춘추관사(領藝文春秋館事)인 신 이색(李穡)이 왕명을 받들어 지음.
전봉익대부(前奉翊大夫) 판전교시사(判典校寺事) 진현관제학(進賢館提學)인 신 권주(權

鑄)[14]가 왕명을 받들어 글씨와 붉은 전액(篆額)을 씀.

왕이 즉위하신지 11년[15]이 되는 해 1월 10일에 좌대언(左代言)인 신 중용(仲容)[16]이 왕명을 전하여 이르기를 태고국사(太古國師)의 사리탑 비문을 경이 지으라고 하였다. 그리하여 신이 삼가 살펴보니 국사의 이름은 보우(普愚)이며, 호가 태고(太古)이며, 속성이 홍씨(洪氏)로 홍주(洪州) 출신이다. 아버지의 이름은 연(延)이며, 개부의동삼사(開府儀同三司) 상주국(上柱國) 문하시중(門下侍中) 판리병부사(判吏兵部事) 홍양공(洪陽公)에 추증(追贈)되었다. 어머니는 정씨(鄭氏)이며 삼한국대부인(三韓國大夫人)에 추증되었다.

부인은 태양이 품에 들어오는 태몽을 꾸고 임신하여 대덕(大德) 5년[17] 신축(辛丑) 9월 21일에 국사를 낳았다. 국사는 어릴 때부터 영특함이 남달리 뛰어났다. 13세에 회암사 광지선사(廣智禪師)에게 출가하였다. 19세에 '만법은 하나로 돌아가는데, 하나는 어디로 돌아가는가?(萬法歸一 一歸何處)'[18] 화두를 참구하였다. 원통(元統) 계유년(癸酉年)[19]에 성(城) 서쪽의 감로사(甘露寺)에서 지내다가 어느 날 의단(疑團)[20]을 깨치고 팔구(八句)의 송(頌)을 지었으니, "부처와 조사가 산하(山河)와 더불어 입이 없지만 모두 삼켜 버렸다"라고 한 것이 그 결구(結句)이다.

그 후 지원(至元) 정축년(丁丑年)[21]에 국사가 37세 되던 해 겨울에 전단원(栴檀園)[22]에서 머물면서 '무자(無字)'화두[23]를 참구하였다. 이듬해 1월 7일 5경(更)에 활연히 크게 깨치고 팔구(八句)의 송을 지었는데, "감옥 같은 관문을 타파하고 나니, 청풍(淸風)이 태고(太古)에서 불어오더라"는 것이 그 결구이다. 3월에 양근(楊根) 초당(草堂)으로 돌아와서 부모를 모셨다. 국사는 일찍이 1700칙[24] 공안을 보다가 암두(巖頭)[25]의 밀계처(密啓處)에 이르러 꽉

---

14) 권주(?~1394)는 고려말의 문신이다. 본관은 안동이며, 충주목사, 전공판서, 밀직제학 등을 역임하였다.
15) 우왕 11년(1385)이다.
16) 박중용을 가리키는 것으로 보인다. 그는 우왕 14년(1388)에 임견미 세력이 제거될 때에 참수되었다.
17) 대덕은 원 성종(成宗)의 연호이며, 충렬왕 27년(1301)이다.
18) 만법귀일은 일체의 차별이 근원적인 한 이치로 회통된다는 뜻이다. 어떤 승려가 조주(趙州)에게 만법이 하나로 돌아가는데, 하나는 어디로 돌아갑니까? 라고 한 질문하자, 조주가 대답하기를 '내가 청주(靑州)에 있을 때에 한 벌의 삼베 장삼을 만들었는데 무게가 7근이었다'라고 한 데서 유래한 공안이다. 고려말에는 주로 고봉원묘의 『선요(禪要)』를 통해 대표적인 화두로 소개되어 널리 성행되었다.
19) 원통은 원 영종(寧宗)의 연호이며, 충숙왕 2년(1333)이다.
20) 의문 덩어리, 곧 화두 참구를 위한 의심이다.
21) 충숙왕 복위 6년(1337)이다.
22) 채홍철(蔡洪哲, 1262~1340)이 자택에 둔 선방이다.
23) 조주종심(趙州從諗, 778~897)에게 어떤 승려가 "개에게도 불성(佛性)이 있습니까?"라고 묻자 없다고 한 선문답에서 유래한 고칙공안(古則公案)이다. 간화선을 완성한 대혜종고(大慧宗杲, 1089~1163)가 가장 기본적인 화두로 중시하면서 선문에 널리 성행되었다.
24) 법안종의 영안도원(永安道原)이 경덕원년(景德元年, 1004)에 편찬한 『경덕전등록(景德傳燈錄)』에 수록된 조사의 수 1701인에 유래한 것이다. 대개 공안 전체를 가리킬 때에 관행적으로 사용된다.
25) 암두전활(巖頭全豁, 828~887)은 당말의 선승으로 설봉의존(雪峰義存), 흠산문수(欽山文邃) 등과 교유

막혀서 깨닫지 못하였는데, 홀연히 깨닫고는 암두를 비웃으면서 “암두가 비록 활을 잘 쏘기는 하나, 이슬에 옷이 젖고 있음을 깨닫지 못하였다”라고 평하였다.

신사년(辛巳年)[26] 봄에 한양(漢陽) 삼각산(三角山) 중흥사(重興寺)에 주석하게 되었는데, 동봉(東峯)에 작은 암자를 짓고 편액(扁額)을 태고암(太古庵)이라 하였다. 그곳에서 영가(永嘉)[27]의 증도가(證道歌)[28]를 본받아 태고암가(太古庵歌) 한 편을 지었다.

지정(至正) 병술년(丙戌年)[29]에 국사가 46세 때에 연도(燕都)에 갔다. 축원영성(竺源永盛)[30] 선사의 소문을 듣고 남소(南巢)로 찾아갔으나 이미 입적하였다. 호주(湖州) 하무산(霞霧山)으로 가서 석옥청공(石屋淸珙)[31] 선사를 뵙고 자신이 얻은 바를 낱낱이 아뢰고 또 태고암가(太古庵歌)를 바쳤더니 석옥이 큰 그릇으로 여겼다. 일용사(日用事)를 물으니 국사가 대답하고, 또 묻기를 “지금 말씀하신 것 이외에 더 일러주실 말씀이 있습니까?”라고 하였다. 석옥이 이르기를 “노승도 이와 같고 삼세제불(三世諸佛)도 또한 이와 같을 뿐이니라”라고 하였다. 마침내 가사를 신표(信表)로 전해주고는 이르기를 “노승이 이젠 다리를 뻗고 편안히 잠잘 수 있게 되었다”라고 하였으니, 석옥은 임제(臨濟)[32]의 18대 법손이다.

국사가 보름 쯤 머물다가 헤어질 때에 주장자(柱杖子)[33]를 주면서 “길 조심하여 잘 가라”고 당부하였다. 국사는 주장자를 받고 인사를 하고 연도로 돌아오니 국사의 도에 대한 명성이 널리 퍼져 있었다. 천자가 소문을 듣고 영녕사(永寧寺)에서 개당법회(開堂法會)를 열기를 청하였고 금란가사(金襴袈裟)와 침향목(沈香木)으로 만든 불자(拂子)를 하사하였다. 황후와 황태자는 향과 폐물을 드렸으며, 왕공과 사녀들도 앞을 다투어 찾아와 예배를 올렸다.

무자년(戊子年)[34] 봄에 귀국하여 미원현(迷源縣)[35]의 소설산(小雪山)에 들어가 직접 경작

하였다. 앙산혜적(仰山慧寂)에게 배우고, 덕산선감(德山宣鑒)의 법을 이었다.

26) 충혜왕 복위 2년(1341)이다.

27) 영가(665~713)는 당대(唐代)의 선종 승려로 절강성 영가현 출신이다. 그는 천태사상에 밝았으며 6조 혜능의 문하에서 깨달았다. 저술로 『영가집』, 『증도가』 등이 있다.

28) 영가가 6조 혜능의 문하에서 수행하고 깨달음을 얻은 후에 247구의 고시체(古詩體)로 읊은 것으로 중국 선종 초기의 본격적인 가송집으로 유명하다.

29) 충목왕 2년(1346)이다.

30) 축원(1276~1347)은 호이며, 법명이 영성 또는 수성(水盛)이다.

31) 석옥(1272~1352)은 호이며, 법명이 청공이다. 남송말 원대에 활동한 임제종 호구파(虎丘派)의 선승이다. 강소성 소주(蘇州) 출신이며, 고봉원묘에게 참구하였고 급암종신(及庵宗信)에게서 법을 받았다. 저술로 『석옥공선사어록(石屋珙禪師語錄)』 2권이 있다.

32) 임제(?~867)는 주석한 곳의 이름을 딴 것으로, 법명은 의현(義玄)이다. 그는 산동성 출신으로 출가한 후에 경론을 배웠으나 만족하지 못하고 선으로 전향하여 황벽희운(黃蘗希運)의 가르침을 받아 깨달았다. 이후 하북성 진주(鎭州) 임제원에 머물며 수많은 제자를 배출하였다. 그의 문하에서 형성된 임제종은 남송 이후 동아시아 선종계를 주도하며, 커다란 영향을 미쳤다.

33) 승려가 지니고 다니는 지팡이다.

34) 충목왕 4년(1348)이다.

35) 경기도 가평군 설악면 일대의 행정 구역이다. 본래 미원장(迷原莊)이었으나 공민왕 5년(1361)에 태고

하면서 4년간 부모를 모셨다. 임진년(壬辰年)[36] 여름에 공민왕이 국사를 개경으로 모시려 하였으나 응하지 않으니 다시 사신을 보내 정중하게 요청하였다. 국사는 가을에 이르러 고사하고 산으로 돌아갔다. 얼마 지니지 않아 조일신(趙日新)의 난이 일어났다.

병신년(丙申年)[37] 3월에 국사에게 봉은사(奉恩寺)[38]에서 설법해주기를 청하였는데, 선종과 교종의 승려들이 수없이 모였다. 공민왕이 친히 법회에 참석하여 만수가사(滿綉袈裟), 수정염주(水精念珠)와 그 외 복용물(服用物) 등을 바쳤고, 국사가 법좌에 올라 종지(宗旨)를 천양하였다. 이에 천자가 잡색(雜色) 비단으로 가사 3백 벌을 만들어 이 날 참석한 선종과 교종의 대덕(大德)들에게 나누어 주었다. 법회의 성대함은 일찍이 없었다.

국사가 산중으로 돌아갈 것을 청하므로 공민왕이 이르기를, "국사는 내가 불도(佛道)를 일으키고자 하는 뜻이 유보되지 않도록 해주십시오"라고 하였다. 4월 24일에 왕사(王師)로 책봉하고, 원융부(圓融府)[39]를 설치하여 정3품직 장관(長官)을 두어 존숭하는 것이 지극하였다.

광명사(廣明寺)[40]에 머물다가 이듬해에 왕사를 사양하였으나, 왕이 윤허하지 않으므로 마침내 국사는 밤에 빠져나와 은둔하였다. 공민왕이 국사의 뜻을 움직일 수 없음을 알고 법복(法服), 인장(印章) 등을 모두 국사가 머물던 곳으로 보냈다. 임인년(壬寅年)[41] 가을에 양산사(陽山寺) 주지를 하도록 청하였으며, 계묘년(癸卯年)[42] 봄에 가지사(迦智寺) 주지를 맡도록 청하므로 국사는 모두 왕명에 따랐다.

병오년(丙午年)[43] 10월에 또 왕사를 사양하고 인장을 보내면서 자유롭게 수도할 뜻을 간청하였다. 공민왕이 허락하였는데 신돈(辛旽)이 권세를 마음대로 부렸기 때문이었다. 이에 앞서 국사가 왕에게 신돈을 논박(論駁)하는 글을 올려 아뢰기를, "국가를 잘 다스리려면 참된 승려가 그 뜻을 펴야 되고, 나라가 위태로워지면 간사한 승려가 때를 만나니 원컨대 임금께서는 이를 살펴 신돈을 멀리하면 종사(宗社)가 매우 다행할 것입니다"라고 하였다.

보우를 왕사로 책봉하면서 현으로 승격시키고 감무를 두었다.

36) 공민왕 1년(1352)이다.

37) 공민왕 5년(1356)이다.

38) 광종(光宗)이 동왕 2년(950)에 개경에 창건한 절이다. 고려 태조의 진전사원(眞殿寺院)이며, 연등회가 설행된 곳으로 고려의 대표적인 사원으로 존재하였다.

39) 보우를 왕사로 임명하면서 설치한 관부(官府)이다. 본래 고려시대의 승정(僧政)은 승록사(僧錄司)가 담당하였는데, 원 간섭기에 승정이 파탄되면서 충숙왕 2년(1315)에 법상종의 미수(彌授, 1240~1327)를 위해 참회부(懺悔府)가 설치되었다. 주로 승직 인사권을 장악한 것으로 보이며, 『고려사』에는 보우가 승정을 관장하면서 승려들이 주지가 되고자 하여 그의 문도로 몰리던 폐단이 기록되어 있다.

40) 고려 태조가 동왕 5년(922)에 자기가 살던 옛집을 희사하여 창건한 절이다. 왕사 지겸(至謙)을 비롯한 고승들이 많이 주석하였으며, 담선법회(談禪法會)가 많이 개설된 곳이다.

41) 공민왕 11년(1362)이다.

42) 공민왕 12년(1363)이다.

43) 공민왕 15년(1366)이다.

무신(戊申)년[44] 봄에 전주(全州) 보광사(普光寺)[45]에 머물렀다. 신돈이 반드시 국사를 사지(死地)로 몰아넣으려고 갖가지 계략을 꾸몄으나 뜻을 이루지 못하였다. 그 후 국사가 강절(江浙)로 유람을 가고자 하니 신돈이 공민왕에게 아뢰기를, "태고는 임금의 지극한 은혜를 입었으므로 편안하게 노년을 보내는 것이 그가 해야 할 도리입니다. 지금 멀리 유람을 가고자 하는 것은 반드시 다른 의도가 있으니 청컨대 임금께서는 통찰하여 주십시오"라고 하였다. 그 말이 매우 위급하게 느껴져서 공민왕은 어쩔 수 없이 따랐다. 신돈이 그 일을 내려 추문(推問)하고 국사의 좌우에 있는 이들을 강제로 자복(自服)하게 하여 국사를 속리사(俗離寺)에 가두었다.

기유년(己酉年)[46] 3월에 이르러 공민왕이 후회하고 소설암(小雪庵)으로 돌아오도록 청하였다. 신해년(辛亥年)[47] 7월에 신돈을 죽이고, 공민왕이 사신을 보내어 예를 갖추어 국사(國師)로 책봉하고 영원사(瑩源寺)[48] 주지를 맡도록 청하였으나 국사는 병을 핑계로 사양하였다. 그러나 왕명으로 멀리서 7년간 불교계를 영도하던 중에 무오년(戊午年)[49] 겨울에 지금 국왕의 명을 받아 비로소 영원사에 이르러 1년간 머물다가 돌아갔다.

신유년(辛酉年)[50] 겨울에 양산사(陽山寺)로 옮겨 입원(入院)하는 날에 왕이 다시 국사로 책봉하였으니 돌아가신 왕의 뜻을 따른 것이다. 임술년(壬戌年)[51] 여름에 소설암으로 돌아와 겨울 12월 17일에 가벼운 병을 느꼈다. 23일에 문인을 불러 이르기를, "내일 유시(酉時)에 나는 떠날 것이니 지군(知郡)에게 청하여 국사의 인장(印章)과 구점(口占)으로 남긴 유언장 몇 통 등을 봉하여 왕에게 전달하라"고 당부하였다. 때가 이르자 목욕하고 옷을 갈아입은 다음 단정히 앉아 임종게(臨終偈) 사구(四句)를 설하고, 그 소리가 끝나자마자 입적하였다. 부음을 왕에게 아뢰니 매우 애도하였다.

계해년(癸亥年)[52] 1월 12일에 향목(香木)을 내려 다비하였다. 그 날 밤에 광명이 하늘에 뻗쳤고, 사리도 헤아릴 수 없이 많았다. 100과를 내전(內殿)에 올리니 왕이 더욱 공경하고 유사(攸司)에 명하여 시호를 원증(圓證)이라 하고, 탑을 중흥사(重興寺)의 동쪽 봉우리에 세우고 보월승공탑(寶月昇空塔)이라 하였다. 석종(石鍾)을 만들어 사리를 봉안한 곳이 무려 세 곳이니, 가은(加恩) 양산사(陽山寺), 양근(楊根) 사나사(舍那寺)와 이 절 부도 옆에 서있

44) 공민왕 17년(1368)이다.
45) 백제 때에 창건된 절이라 전하며, 원 간섭기인 충숙왕 복위 3년(1343)에 중향(中向)이 원의 자정사(資政使) 고용봉(高龍鳳)의 후원을 받아 중건하였다.
46) 공민왕 18년(1369)이다.
47) 공민왕 20년(1371)이다.
48) 경상남도 밀양시 자씨산에 있던 절이며, 보감국사(寶鑑國師) 혼구(混丘)가 주석한 곳이다.
49) 우왕 4년(1378)이다.
50) 우왕 7년(1381)이다.
51) 우왕 8년(1382)이다.
52) 우왕 9년(1383)이다.

는 것이 바로 그것이다. 석탑으로 만들어 봉안한 곳은 미원현(迷源縣) 소설암(小雪庵)이다.

신 이색이 엎드려 조용히 생각하여보니 선왕이 불교를 지극하게 신봉하였으나 그 사이에 참소가 횡행하였고, 태고가 불교를 수호한 것도 지극하다고 하겠으나 환난과 모함이 그에게 미친 것은 인연의 과보이기 때문이니, 비록 성인이라도 면할 수 없는 것이다. 심지어 칭송하는 명성이 중국까지 가득하며 사리의 광명이 고금에 빛났으니 그것이 어찌 자주 볼 수 있는 일이겠는가? 신 이색이 두 번 절하고 머리를 조아려 삼가 명(銘)을 짓는다.

거룩하신 국사의 마음은 바다같이 깊고 넓으며 하늘과 같이 제도하였네.
국사의 자취는 바다 건너고 석장을 날렸네.
귀국한 후에 공민왕의 귀의를 받아 국왕의 스승이 되었도다.
소설암에 들어가 몸소 밭을 가니 때에 따라 숨고 드러내셨네.
나라 위한 마음은 한결같으나 신돈의 참소로 구금되었네.
구름이 해를 가린 것과 같으니 광명이 어찌 손상을 입겠는가!
달이 곤륜산으로 떨어져도 달빛까지 사라질 건가!
수정 같이 맑은 사리가 옥문(玉門)까지 비추었도다!
삼각산 가운데 나무 끝에 구름들이 덮이어 있네!
그 아래 사리탑이 세워졌으니 나라와 함께 영원히 편안하소서!
국사의 가풍, 동국에 두루 퍼졌네.
절하고 명을 지으니 영원토록 전하도다!

홍무(洪武) 18년 을축(乙丑) 9월 11일
문인 전 송광사(松廣寺) 주지 대선사(大禪師) 석굉(釋宏)이 비석을 세움.

【음기(陰記)】

문도(門徒)
국사(國師) 지웅존자(智雄尊者) 혼수(混脩)
왕사(王師) 원응존자(圓應尊者) 찬영(粲英)
내원당(內願堂) 묘엄존자(妙嚴尊者) 신이(神異)
내원당(內願堂) 국일도대선사(國一都大禪師) 원규(元珪)
도대선사(都大禪師) 광화군(廣化君) 현린(玄丛)
대선사(大禪師)
수서(守西) 조굉(祖宏) 자소(慈紹) 선진(旋軫) 일영(一寧) 정유(定柔) 상총(尙聰) 혜렴(惠廉) 혜심(慧深) 경돈(慶敦) 등 90인

선사(禪師)

신규(信規) 참교(昰皎) 덕제(德齊) 의경(義瓊) 수윤(壽允) 내유(乃由) 내규(乃圭) 성잠(省岑) 천긍(天亘) 유창(惟昌) 등 107인

운수(雲水)

법공(法空) 정유(定乳) 환여(幻如) 달생(達生) 성명(省明) 중철(中哲) 복남(卜南) 정일(定一) 조행(祖行) 성인(省因) 법자(法慈) 법순(法淳) 달심(達心) 성여(省如) 희엄(希儼) 명회(明會) 각명(覺明) 선견(善見) 희오(希悟) 가신(可信) 가생(可生) 지천(止川) 설잉(雪仍) 선정(宣正) 가운(可雲) 가인(可印) 설상(雪祥) 설강(雪岡) 설사(雪思) 설서(雪栖) 요환(了幻) 설진(雪珍) 가송(可松) 가순(可淳) 내령(乃寧) 약무(若无) 등 1003인

칠원부원군(漆原府院君) 윤환(尹桓)

영삼사사(領三司事) 이인임(李仁任)

판문하(判門下) 최영(崔瑩)

문하시중(門下侍中) 임견미(林堅味)

수문하시중(守門下侍中) 이성림(李成林)

판삼사사(判三司事) 이성계(李成桂)

철성부원군(鐵城府院君) 이림(李琳)

삼사좌사(三司左使) 염흥방(廉興邦)

찬성사(贊成事) 우인열(禹仁烈)

연흥군(延興君) 박형(朴形)

개성군(開城郡) 왕복명(王福命)

상당군(上黨君) 한장(韓藏)

문하평리(門下評理) 반익순(潘益淳)

정당문학(政堂文學) 이인민(李仁敏)

김해군(金海君) 김사행(金師幸)

밀산군(密山君) 박성량(朴成亮)

지신사(知申事) 염정수(廉廷秀)

전공판서(典工判書) 최경만(崔敬萬)

김해부사(金海府使) 이희계(李希桂)

삼한국대부인(三韓國大夫人) 이씨(李氏)

비구니(比丘尼) 묘안(妙安)

전공판서(典工判書) 김인귀(金仁貴)

[참고문헌]

劉燕庭, 1832, 『海東金石苑』(아세아문화사 영인본, 1981).

朝鮮總督府 編, 1919, 『朝鮮金石總覽』 上 (아세아문화사 영인본, 1976).

李智冠, 1997, 『校勘譯註 歷代高僧碑文 - 高麗篇 4 - 』, 가산문고.

趙明濟, 2004, 『高麗後期 看話禪 硏究』, 혜안출판사.

성균관대학교 박물관, 2005, 『고려시대 금석문 탁본전』.

4. 彰聖寺 眞覺國師碑

1) 解題

이 비는 경기도 수원시 상광교동 창성사 터에 있으며, 주인공은 화엄종의 천희(千熙, 1307~1382)이다. 이색(李穡)이 비문을 짓고, 혜잠(惠岑)이 새겨 우왕 12년(1386)에 비를 세웠다. 보물 14호로 지정되었으며, 높이 137.9cm, 너비 78.8cm, 글자크기 2.1cm, 제액 글자 크기 6cm이다. 비는 장방형의 대석 위에 비신을 놓고 가첨석을 얹은 형태이다. 비신의 오른쪽 아랫 부분이 파손되었고 마모가 심한 상태이다.

비문의 내용은 먼저 이색이 천희가 입적한 후에 그의 문도에게 비문을 청탁받은 사정을 서술하고 있다. 이어 천희가 직접 몽산이 주석하던 휴휴암을 방문한 행적을 길게 서술하면서 몽산과의 인연을 대단히 강조하고 있다. 다음으로 귀국한 후의 행적과 천희의 생애를 간략하게 서술하고 있다.

천희가 화엄종 출신 승려임에도 불구하고, 비문의 내용은 대개 선사에 가까운 행적이 주로 서술되어 있다. 특히 그의 생애와 행적에 대한 내용에서 몽산과의 관계가 가장 중시되는 것도 주목된다. 비문에서 그가 원(元)에 들어가 휴휴암의 몽산의 영정을 모신 진당에서 방광(放光)이 일어나는 영험을 경험한다든지, 그가 실제 휴휴암에 가게 된 것은 선지(禪旨)를 참구하다가 소백산, 금강산, 오대산 등 세 곳에서 꿈에 몽산으로부터 의발을 전수받은 것이 계기가 되었다고 한다. 이와 같이 천희가 굳이 몽산의 법맥을 이었다는 사실을 강조하는 것은 고려 사상계에서 몽산이 지닌 위상을 단적으로 보여준다. 또한 화엄종 출신의 승려조차 간화선으로 전향한 것은 고려말 불교의 사상적 흐름을 반영한다고 하겠다.

한편, 음기에는 문도와 단월이 기술되어 있는데, 문도의 구성 방식이 특이하다. 사찰명 앞에 주법(主法) 또는 주지(住持) 직함을 띠고 있고, 일반 관등을 갖고 있기도 하며 대사 중간에 대선사가 등장하는 등 승계의 순서가 정연하지 않다. 도대선사, 삼중대광, 중대광, 대사, 대선사 등 10인이 상층부를 구성하고 있다. 도승록에 이어 대덕, 수좌, 중덕, 운수가 이어진다. 단월은 고위 관료를 중심으로 나열되어 있다.

2) 原文

贈謚眞覺國師碑銘(篆題)

高麗國 國師 大華嚴宗師 禪敎(下缺)
推忠保節同德 贊[1]化功臣 壁上(下缺)

洪武十五年 夏六月十六日 華嚴浮石國師 示寂于彰聖社 □□□□□□□□□□□□□□□不朽也 判[2]宗[3]□□□□□□□ 上 上賜謚曰 眞覺國師 塔曰 大覺圓照 命臣穡 文于石 門人等 以師行狀來 不甚悉 不敢下筆久矣 有敬南者[4] □□□□□□□山 今始至徵文 具語其事曰 甲辰秋 吾師航海抵杭 吾執侍 跬步不離側 吾師到休休菴 蒙山眞堂 夜有光[5]□□□□□□□ 人衣鉢心異之 引師至方丈 扃鐍甚固 有三轉語在壁 師逐語下語 鑰有聲忽启 衆皆肅然 室中有樻[6] 師[7]□□□□□□□□ 棒拂在此 將以授我耳 启之衆益服 又有漆小樻[8]無縫者[9] 其上曰 時未至而启者 天必譴 浙省丞相 張大尉之[10]弟[11]□□□□□□□ 何物藏[12] 師曰文書也 又問今可启乎 師曰可 果有書二秩 其中□言 群盜破壞三寶 乃底滅亡之事 丞相怒[13] □□□□□□□□ 海外來 殺之何益 吾謹吾法爾 其收蒙山衣物放之去 丙午春 叅萬峯於聖安寺 三日不出戶 峯曰 高麗老□ □□□□□□□ 無入時 豈有出耶 峯曰 我病矣 誰有好眼 看我病 師以拳[14]安其背 是夜三更 萬峯以袈裟 禪棒 授之曰 不聞□□□□□□□□□ 至吳江 有僧請留 師固辭 萬峯堂下欲奪其師衣棒 是夜追至吳江 僧房不及而還 僧之姓馬也 聞其鳴而□□□□□□□□□渡也必矣 嗚呼 蒙山夢之於前 萬峯戒之於後 灼見未[15]來[16] 妙堪遺囑 師資之道 無間於古今遐迩 此釋氏

---

1) 『총람』에는 貴.
2) 『총람』에는 利.
3) 『총람』에는 결락.
4) 비문에 글자가 깨어져 보이지 않으나 『금석원』의 원문에 따라 기재하였다. 『총람』에는 결락.
5) 비문에 글자가 깨어져 보이지 않으나 『금석원』의 원문에 따라 기재하였다. 『총람』에는 결락.
6) 『총람』에는 櫃.
7) 비문에 글자가 깨어져 보이지 않으나 『금석원』의 원문에 따라 기재하였다. 『총람』에는 결락.
8) 『총람』에는 櫃.
9) 『금석원』에는 결락.
10) 『금석원』의 원문에 따라 기재하였다. 『총람』에는 결락.
11) 『금석원』의 원문에 따라 기재하였다. 『총람』에는 결락.
12) 『금석원』에는 다음 1자 결락.
13) 『총람』에는 결락.
14) 『금석원』에는 결락.
15) 『금석원』에는 결락.
16) 『금석원』에는 결락.

之□□□□□□□□□□ 玄陵 勞慰良渥 國人爭先瞻禮 師隱于雉岳 游于東海 致[17]洛山觀音放光之瑞 丁未正月 還雉岳 上遣使邀師者三 師始至五月 封爲國師 大華嚴宗師 禪敎都摠攝傳佛心印 大智無碍 性相圓通 福□□□□□□□□□□ 圓應尊者 置府設寮屬 賜印章法服 庚戌九月 玄陵請王師懶翁 選境內禪敎諸僧 功夫節目 師爲證明 旣罷居敬天[18] 幸亥 遊金剛山五月 上遣使請還 其秋懇乞歸雉岳 歲壬子 住浮石 重營殿宇 悉如舊 盖爲身後計也 師諱千熙號雪山 興海人 □□□□□□具[19]贈[20]□理判書 妣崔氏 崔氏夢見大艦 群僧梵唄 水漲至門 因而有身 彌月又夢白鶴[21]啄[22]其[23]腹 靑帖袈裟 一僧躍出 以大德丁未 五月二十[24]一日生 師年十三 投華嚴盤龍社主 一非大師薙髮 十九 登上品選 歷住金生 德泉 符仁 開泰等 十餘寺 其衣服飮食 與□□ 小異 操志甚高 叅究禪旨 在小伯山 夢見蒙山 付其衣法 在金剛五臺 亦如之 此所以決志南遊也 甞著三寶一鏡觀 若干卷行于世 師年七十六 法臘六十三 臣聞普照國師 師大鑑友大慧 侍者 每於夢中見之 至今爲叢林美談 今圓應 自夢蒙山 得傳衣法[25] 釋氏之敎 不可得而思議也 信哉 臣 穡敢不爲之銘 銘曰

大道無外　何有古今　苟求其故　曰惟此心
心之不失　夢覺爲一　周流如川　煥赫如日
佛法之傳　妙乎人天[26]　夢中授受　如在目前
昔聞照公　今見圓翁　玄陵崇之　俾師國中
年將八秩　示有生滅　千載斯碑　勿訛勿缺[27]

洪武十九年丙寅 正月　日 門人 開泰寺住持 妙智無碍 通照大師　冲[28]述　立石 比丘 惠岑 刻[29]

(陰記)

大德　首座□□

中德　雲水　□登　□通 □□

17)『금석원』에는 결락.
18)『금석원』에는 결락.
19)『금석원』의 원문에 따라 기재하였다.『총람』에는 결락.
20)『금석원』의 원문에 따라 기재하였다.『총람』에는 결락.
21)『금석원』에는 결락.
22)『금석원』에는 결락.
23)『금석원』에는 결락.
24)『금석원』의 원문에 따라 기재하였다.
25)『금석원』,『총람』에는 法 다음에 1자 결락.
26)『금석원』,『총람』의 원문에 따라 기재하였다.
27)『금석원』에는 결락.
28)『금석원』에는 결락.
29)『금석원』에는 결락.

大禪師 □□ 釋□ 惠□ □碩 忠仁
住持 □國大師 元明 □仁 □□寺 住持 三重大師 大師 靈□
金生寺 住持 重大師□□
國□王師 盤龍□ □法 □通 圓妙 三重大師 □□
燈明寺 住持 禪師□□ 大德□□ □珎 惠□ 妙□
前月南寺 住持 大禪 大德 林□ 小□
法王寺 住持 □□ 大師 □□ □祐 景□
開雲寺 住持 □□ □□ 大師 景昷

重大匡 □□君 韓□
儀典農寺事 □□□
重大匡 開城君 王□□
□□君 □□□
三司右使 □□□□ □□□
三重大匡 花山君 權□□
竹城府院君 安□□
鐵城府院君 李□
政堂文學 權□□
典□判□ 李□□
南陽府院君 洪永通
重大匡 □城君 □
漆原院府院君 尹桓
重大匡 永嘉君 □□禧
典工判書 洪□□
推忠保節同德翊戴□□□臣 壁上三韓三重大匡
門下右侍中 判□□□□□□□□ 鷄林府院君 李□□
忠勤亮節燮理同德賛化功臣 壁上三韓三重大匡

3) 飜譯文

증시(贈諡) 진각국사(眞覺國師) 비명(碑銘) (전액(篆額))

고려국(高麗國) 국사(國師) 대화엄종사(大華嚴宗師) 선교도총섭(禪敎都摠攝) 전불심인대(傳佛心印大) (이하 결락)

추충보절(推忠保節) 동덕(同德) 찬화공신(贊化功臣) 벽상삼한삼중대(壁上三韓三重大) (이하 결락)

홍무(洪武) 15년[30] 여름 6월 16일 화엄종(華嚴宗) 부석국사(浮石國師)가 창성사(彰聖社)[31]에서 입적하였다. … (결락) … 영원히 썩지 않게 하기 위하여 판종(判宗)에게 … (결락) … 왕이 진각국사(眞覺國師)라는 시호를 하사하고, 탑을 대각원조(大覺圓照)라고 하였다. 신 이색(李穡)에게 명하여 비문을 짓도록 하였다. 그의 문인들이 국사의 행장(行狀)을 가져 왔으나, 매우 불충분하여 감히 짓지 못한 지가 오래되었다. 승려 경남(敬南)이 … (결락) … 지금 비로소 비문을 짓기를 요구하며 그 행적을 자세히 말하였다.

갑진년(甲辰年)[32] 가을에 우리 국사가 배를 타고 항주(杭州)에 이르렀다. 내가 국사를 모시고 다니면서 한발자국도 곁을 떠나지 않았다. 국사가 휴휴암(休休菴)[33]에 이르렀는데, 그 날 밤 몽산(蒙山)[34]의 진당(眞堂)에서 방광(放光)이 있었다. … (결락) … 의발(衣鉢)[35]을 전하니 마음속으로 기이하게 여겼다. 국사를 모시고 방장(方丈)에 이르니 문에 자물쇠가 굳게 잠겨 있었다. 벽에 삼전어(三轉語)[36]가 걸려 있었는데, 마침 국사가 그 글을 읽고 설명하니 자물쇠에서 소리가 나더니 갑자기 문이 열렸다. 그때 이를 본 무리들이 숙연(肅然)해졌다. 방 가운데에 상자가 있었는데, … (결락) … 그 속에 방망이와 불자(拂子)[37]가 있었다. 그것

30) 우왕 8년(1382)이다.

31) 경기도 수원시 광교산에 있던 절이다.

32) 공민왕 13년(1364)이다.

33) 몽산덕이가 주석하던 암자이며 절강성 평강부(平江府) 오현(吳縣)에 있었다.

34) 몽산(1231~1298)은 호이고 법명이 덕이(德異)이며, 고균비구(古筠比丘), 휴휴암주인(休休庵主人), 절목수(絶牧叟) 등의 호를 쓰기도 하였다. 그는 남송말, 원초에 활동한 임제종의 선승이지만, 중국보다 고려불교와 인연이 깊다. 그는 고려의 선승, 사대부들과 직, 간접적으로 교유하였고, 그의 저술은 고려말 이후 한국불교계에 커다란 영향을 미쳤다. 그의 『몽산법어(蒙山法語)』는 무자(無字) 화두 참구법을 정형화시킨 것으로 고려, 조선불교계에서 자주 간행되었다. 그 외에 『육도보설(六道普說)』, 『증수선교시식의문(增修禪敎施食儀文)』, 『직주도덕경(直註道德經)』, 『사설(四說)』 등의 저술도 한국불교에서 주로 간행되고 활용되었다.

35) 불법(佛法) · 불도(佛道)의 뜻이다. 선종에서 스승과 제자 사이에 법을 전하는 신표(信標)로서 가사와 발우를 전하였기 때문에 법을 전하는 것을 의발을 전한다고 표현한다.

36) 선문에서 미혹함을 일거에 변화시켜 깨달음을 얻게 하는 세 가지 어구(語句)를 이른다. 파릉삼전어(巴陵三轉語), 조주삼전어(趙州三轉語) 등이 대표적인 것이다.

을 들어 나에게 주었으므로 내가 그것을 보여주니 무리들이 더욱 탄복하였다. 또 칠을 한 작은 상자가 있었는데, 잠겨있지 않았다. 그 상자 위에는 “때가 이르지 않았는데 여는 자는 하늘이 반드시 벌을 줄 것이다”라고 적혀 있었다.

절강성(浙江省) 출신의 승상(丞相) 장대위(張大尉)의 아우가 … (결락) … “무슨 물건이 보관되어 있습니까?”라고 물었다. 국사가 이르기를 “문서가 있습니다”라고 하였다. 또 묻기를 “지금 그것을 열어 볼 수 있습니까?”라고 하였다. 국사가 이르기를 “열어 볼 수 있습니다”하고, 열어보니 과연 2질의 문서가 있었다. 그 가운데 … (결락) … 도둑의 무리가 삼보(三寶)를 파괴하여 결국 망할 것이라는 사실이 적혀 있었다. 승상이 노하여 … (결락) … “해외에서 온 사람을 죽인들 무슨 이익이 있겠는가? 나는 나의 법을 지킬 뿐이다”라 하고, 받았던 몽산의 옷과 물건을 두고 갔다.

병오년(丙午年)[38] 봄에 성안사(聖安寺)[39]로 만봉(萬峯)[40]을 찾아 갔으나, 만봉은 사흘 동안 방에서 나오지 않았다. 만봉이 이르기를 “고려 노화상이 … (결락) … 들어온 때가 없는데 어찌 나갈 때가 있겠습니까?”라 하였다. 다시 만봉(萬峯)이 말하기를 “내가 병이 있는데 누가 친절한 눈빛으로 나의 병을 간호할까?”라고 하였다. 국사가 주먹으로 그의 등을 편안하게 해주었다. 그 날 밤 삼경(三更)에 만봉이 가사(袈裟)와 방망이를 전해주면서 말하였는데 듣지 못하였다. … (결락)

성안사를 떠나 오강(吳江)에 이르니, 어떤 승려가 머물기를 청하였으나 국사가 굳게 사양하였다. 만봉 문하의 어느 승려가 스승의 옷과 방망이를 빼앗고자 그날 밤에 오강까지 왔었는데 국사의 방에는 미치지 못하고 되돌아갔는데 그 승려의 속성은 마씨(馬氏)였다. 아마 우는 소리를 듣고 … (결락) … 건너간 것이 분명하다. 아! 몽산이 예전의 일을 꿈으로 보여주고, 만봉이 후에 일을 계도하였다. 미래를 밝게 보고 심오하게 죽음에 임박하여 뒷일을 부탁하였으니 스승과 제자간의 도는 옛날이나 지금이나 멀고 가까움에 차이가 없구나. 이것이 부처의 … (결락) … 공민왕이 국사를 진실로 흡족할 만큼 힘써 위로하고, 나라 사람들이 앞을 다투어 예를 보였다. 국사는 치악산(雉岳山)에 은거하다가 동해를 유람하였는데 낙산사(洛山寺)에서 관세음보살이 방광하는 상서로움을 얻었다.

정미년(丁未年)[41] 정월에 치악산으로 돌아왔다. 공민왕이 국사를 맞이하려고 세 번 사신을 보냈다. 국사는 5월에야 비로소 그 뜻을 받아들여 국사가 되었다. 대화엄종사(大華嚴宗

---

37) 삼이나 짐승의 털을 묶어서 자루 끝에 매단 기구이며, 번뇌를 털어낸다는 상징적인 의미를 가진 법구(法具)이다.

38) 공민왕 15년(1366)이다.

39) 호남성(湖南省) 악주부(岳州府) 파릉현(巴陵縣) 동남 5리에 떨어진 능가북봉(楞伽北峯)에 있는 절이다. 당 무성화상(無姓和尙)이 머물던 곳으로 양빙(楊憑)이 절을 세웠다.

40) 임제종 양기파의 시울(時蔚, 1303~1382)의 호이다. 그는 절강성 출신으로 7세에 출가하였고 천암원장(千巖元長)의 문하에서 수행하다가 깨달음을 얻었다.

41) 공민왕 16년(1367)이다.

師) 선교도총섭(禪敎都摠攝) 전불심인(傳佛心印) 대지무애(大智無碍) 성상원통(性相圓通) 복(福) … (결락) … 원응존자(圓應尊者)로 책봉되었다. 부(府)[42]를 설치하고 관리를 두어 인장(印章)과 법복(法服)을 하사하였다.

경술년(庚戌年)[43] 9월에 공민왕이 왕사 나옹(懶翁)을 초청하여 궁궐에서 선종과 교종의 여러 승려들을 모아 공부절목(功夫節目)을 실시하였는데, 국사를 증명법사(證明法師)로 삼았으며 끝난 후에 경천사(敬天寺)에 머물렀다. 신해년(辛亥年)[44]에 금강산을 순례하고 있었는데, 5월에 공민왕이 사신을 보내어 돌아오도록 청하였다. 그해 가을에 국사가 치악산(雉岳山)으로 돌아갈 것을 간청하였다. 임자년(壬子年)[45]부터 부석사(浮石寺)에 머물면서 전각을 모두 예전과 같이 중건하였는데, 대개 입적한 훗날을 위해 도모한 것이다.

국사의 이름은 천희(千熙)이며, 호가 설산(雪山)이며, 흥해(興海) 출신이다. … (결락) … 구(具) 전리판서(典理判書)에 추증되었으며, 어머니는 최씨(崔氏)이다. 어머니가 꿈에 큰 배 안에서 많은 승려들이 범패(梵唄)를 하고 있었으며 물이 불어 대문 앞에까지 이른 것을 보았고, 이로 인해 임신하였다. 만삭이 되어 또 흰 학이 배를 쪼자 푸른 띠 가사를 입은 승려가 뛰어나오는 꿈을 꾸었다. 대덕(大德) 정미년(丁未年)[46] 5월 21일에 태어났다.

국사가 13세 때에 화엄종 반룡사(盤龍社)[47] 주지인 일비대사(一非大師)에게 나아가 출가하였다. 19세에 상품선(上品選)에 합격하였으며, 금생사(金生寺)[48]·덕천사(德泉寺)[49]·부인사(符仁寺[50])·개태사(開泰寺)[51] 등 10여 사찰에 두루 머물렀다. 국사의 의복과 음식은 … (결락) … 조금도 다르지 않았다. 지조가 또한 매우 고상하였고, 선지(禪旨)를 참구하였다. 소백산(小伯山)에 있을 때에 몽산이 그에게 의발을 전해주는 꿈을 꾸었다. 금강산과 오대산(五臺山)에서도 역시 같은 꿈을 꾸었는데, 이것이 강남을 순례하기로 결심한 이유였다.

일찍이 『삼보일경관(三寶一鏡觀)』을 지었는데, 몇 권이 세상에 알려졌다. 국사는 세수가 76세이며, 법랍이 63세였다. 신이 들으니 보조국사(普照國師)[52]는 대감(大鑑)[53]을 스승으로, 대혜(大慧)[54]를 도우(道友)로 삼았다고 한다. 시자가 매일 꿈속에서 뵌다고 하는데, 지금도

42) 미수와 보우를 위해 설치한 참회부나 원융부와 같이 특정 승려를 위해 설치한 관부이다.
43) 공민왕 19년(1370)이다.
44) 공민왕 20년(1371)이다.
45) 공민왕 21년(1372)이다.
46) 충렬왕 33년(1307)이다.
47) 경상북도 고령에 있던 절이다. 이제현의 형인 체원(體元)이 1320~30년대에 반룡사에 머물면서 화엄종의 대표적인 승려로서 활동하였다.
48) 충북 충주에 있던 절이다.
49) 경북 의성에 있던 절이다.
50) 경북 팔공산 기슭에 있는 절이다. 초조대장경판을 봉안하였던 사찰로 유명하다.
51) 충남 논산에 있던 절이다. 고려 태조가 후백제와의 전쟁에서 승리한 후에 창건하였다.
52) 지눌(知訥)의 시호이다.
53) 당의 헌종(憲宗)이 원화(元和) 10년(815)에 육조(六祖) 혜능(慧能)에게 내린 시호이다.

총림55)의 미담으로 전해지고 있다. 지금 천희(千熙)는 꿈에 몽산으로부터 의발을 전해 받았으니, 불교는 불가사의하지만 믿을 만하다. 신 이색이 감히 명문(銘文)을 지을 수 없는데도 다음과 같이 명(銘)을 짓는다.

큰 도는 밖이 없는데 어찌 옛과 지금이 있겠는가.
진실로 그 까닭을 구하건대 오직 이 마음뿐이라고 이르네.
마음은 잃을 것이 없으니 자고 깨는 것이 하나이도다.
두루 흘러서 개울같이 되고 태양같이 밝게 빛나네.
불법의 전등, 사람과 하늘을 묘하게 비추네.
꿈속에서 전해 받음이 눈앞에 있는 것과 같네.
옛날 조공(照公)을 듣고 오늘은 원옹(圓翁)을 보네.
현릉이 숭상하여 국사를 나라 가운데 모시니
연세 80에 입적을 보이니
오랫동안 이 비석이 변함없이 깨지지 않기를.

홍무(洪武) 19년 병인(丙寅) 1월 일
문인(門人) 개태사(開泰寺) 주지(住持) 묘지무애(妙智無碍) 통조대사(通照大師) 충술(沖述)이 비석을 세움.
비구(比丘) 혜잠(惠岑)이 비문을 새김.

【음기(陰記)】

대덕(大德) 수좌(首座) □□
중덕(中德) 운수(雲水) □등(□登) □통(□通) □□
대선사(大禪師) 석□(釋□) 혜□(惠□) □석(□碩) 충인(忠仁)
주지(住持) □국대사(□國大師) 원명(元明) □인(□仁)
□□사(□□寺) 주지(住持) 삼중대사(三重大師) 대사(大師) 영□(靈□)
금생사(金生寺) 주지(住持) 중대사(重大師) □□

---

54) 대혜는 효종(孝宗)이 종고(宗杲, 1089~1163)에게 내린 호이다. 그는 남송 시기에 임제종 양기파의 대표적인 선승이며, 호가 묘희(妙喜), 운문(雲門), 자가 담회(曇晦)이다. 그는 담당문준(湛堂文準)의 문하에서 배우다가 원오극근(圜悟克勤)에게 나아가 깨달음을 이루었다. 그는 묵조사선(默照邪禪)을 비판하고 간화선을 완성하였으며 동아시아 선종계에 커다란 영향을 미쳤다. 그는 남송대의 정치 현실에도 참여하여 주전론을 주장하여 주화론자인 진회(秦檜)의 박해를 받아 16년간 유배를 당하기도 하였다.

55) 승려를 나무에 비유하고 절을 숲에 비유한 것으로 여러 승려들이 화합하여 함께 배우며 안거하는 곳이다. 선림(禪林), 전단림(栴檀林)이라고도 한다.

국□왕사(國□王師) 반룡□(盤龍□) □법(□法) □통(□通) 원묘(圓妙) 삼중대사(三重大師) □□

등명사(燈明寺) 주지(住持) 선사(禪師) □□ 대덕(大德) □□ □□ 혜□(惠□) 묘□(妙□)

전 월남사(月南寺) 주지(住持) 대선(大禪) 대덕(大德) 임□(林□) 소□(小□)

법왕사(法王寺) 주지(住持) □□ 대사(大師) □□ □우(□祐) 경□(景□)

개운사(開雲寺) 주지(住持) □□ □□ 대사(大師) 경참(景昰)

중대광(重大匡) □□군(□□君) 한□(韓□)

의전농시사(儀典農寺事) □□□

중대광(重大匡) 개성군(開城君) 왕□□(王□□)

□□군(□□君) □□□

삼사우사(三司右使) □□□□ □□□

삼중대광(三重大匡) 화산군(花山君) 권□□(權□□)

죽성부원군(竹城府院君) 안□□(安□□)

철성부원군(鐵城府院君) 이□(李□)

정당문학(政堂文學) 권□□(權□□)

전□판□(典□判□) 이□□(李□□)

남양부원군(南陽府院君) 홍영통(洪永通)

중대광(重大匡) □성군(□城君) □□□

칠원원부원군(漆原院府院君) 윤환(尹桓)

중대광(重大匡) 영가군(永嘉君) □□희(□□禧)

전공판서(典工判書) 홍□□(洪□□)

추충보절(推忠保節) 동덕익대(同德翊戴) □□공신(□□功臣) 벽상삼한삼중대광(壁上三韓三重大匡)

문하우시중(門下右侍中) 판(判)□□□□□□□□ 계림부원군(鷄林府院君) 이□□(李□□)

충근양절(忠勤亮節) 섭리동덕(燮理同德) 찬화공신(贊化功臣) 벽상삼한삼중대광(壁上三韓三重大匡) □□□

[참고문헌]

劉燕庭, 1832,『海東金石苑』(아세아문화사 영인본, 1981).

朝鮮總督府, 1919,『朝鮮金石總覽』 上(아세아문화사 영인본, 1976).

李智冠, 1997,『校勘譯註 歷代高僧碑文 - 고려편 4 -』, 가산문고.

趙明濟, 2004,『高麗後期 看話禪 研究』, 혜안출판사.

성균관대학교 박물관, 2005,『고려시대 금석문 탁본전』.

智寺師皆應命丙午十月辭位封還
上察之遠之宗社韋甚戊申
矣安居遂老是渠職也今欲遠遊必
下其事雜訊之誣服師之左右錮于
國師請住瑩源寺師以疾辭有
而還辛酉冬移陽山寺入院之日
矣可請知郡封印曰占辭世狀數通
十二日降香茶毗其夜光明屬天全

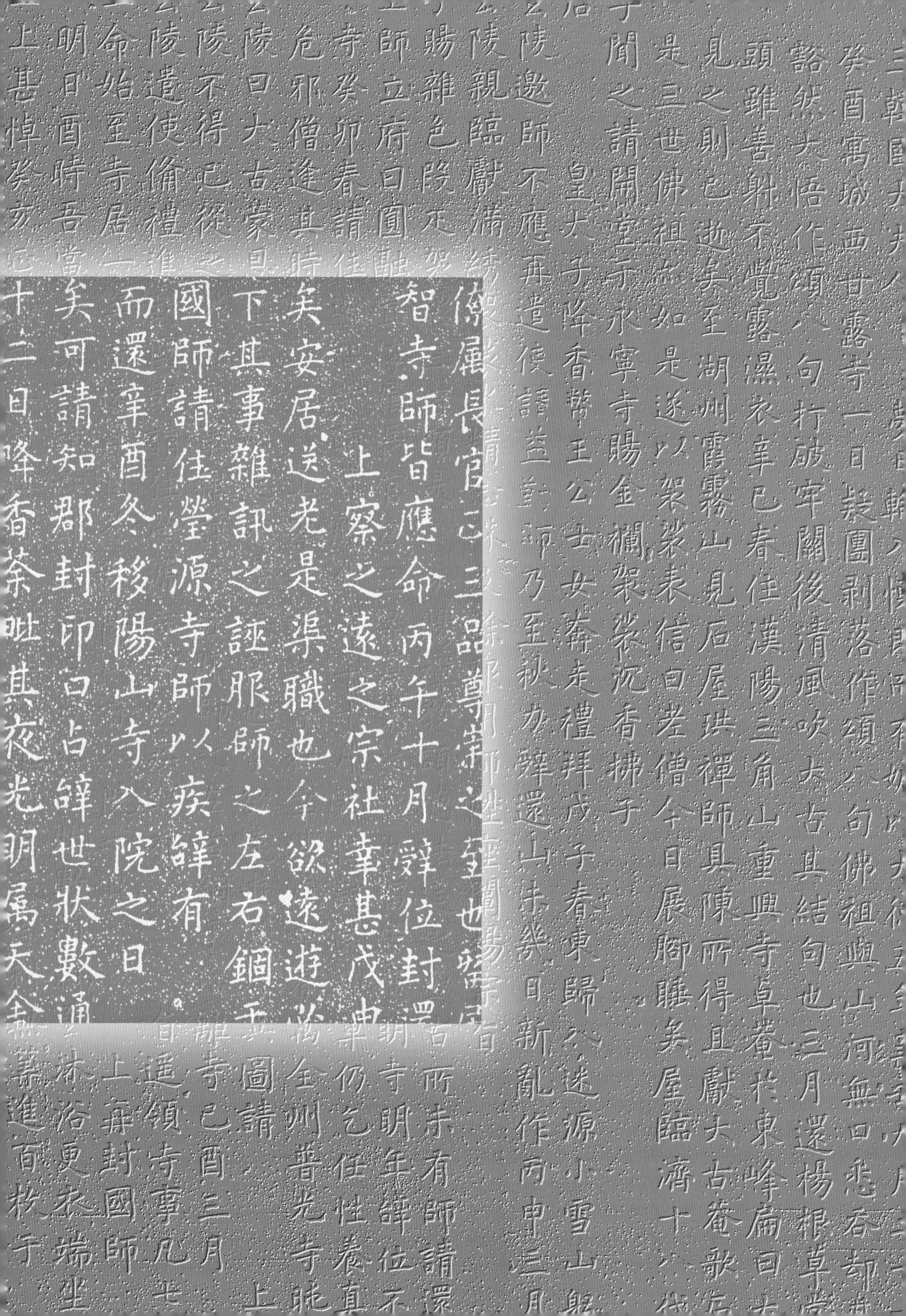

癸酉寓城西甘露寺一日投圓剃落作頌八句佛祖與山河無口悉吞却
豁然大悟作頌八句打破牢關後淸風吹太古其結句也三月還楊根草堂
頭雖善解不覺露濕衣辛巳春住漢陽三角山重興寺卓菴於東峰扁曰太
見之則已逃矣至湖州霞霧山見石屋珙禪師具陳所得且獻太古菴歌
是三世佛祖亦如是遂以袈裟表信曰老僧今日展脚睡矣屋臨濟十
于聞之請開堂于永寧寺賜金襴袈裟沉香拂子
皇太子降香幣王公士女奔走禮拜戊子春東歸入迷源小雪山躬
陵遣使請之師不應再遣使請之乃至秋辦裝還山未幾日新亂作丙申三月
傳麗長官正三品尊崇之至也
智寺師皆應命丙午十月辭位封還
上察之遠之宗社幸甚戊申
矣安居送老是渠職也今欲遠遊
下其事雜訊之誣服師之左右錮于
國師請住瑩源寺師以疾辭有
而還辛酉冬移陽山寺入院之日
矣可請知郡封印曰古辞世狀數通
十二日降香茶皿其夜光明屬天

後不得已從之朓下其事雜訊之誣服師之
後遣使備禮進封國師請住瑩源寺師以疾
郡始至寺居一年而還辛酉冬移陽山寺入
明日酉時吾當去矣可請知郡封印白占緘
上甚悼癸亥正月十二日降香茶毗其夜光
上作石鐘藏舍利者凡三所加恩陽山楊根
上崇儒釋教可謂極矣而讖說行乎其間夫
照耀古今代豈多見哉　臣穡再拜稽首而
惟師之心　海闊天臨　惟師之跡　浮
月隆崐崘　餘光之存　舍利晶瑩　昭
洪武十八年乙丑九月十一日　　明

趙明濟

부산대학교 사학과 졸업
부산대학교 문학석사
부산대학교 문학박사
현 신라대학교 사학과 교수

韓國金石文集成(26)

초판 인쇄일 : 2011년 12월 25일
초판 발행일 : 2011년 12월 30일

編　著 : 趙明濟
발행처 : 韓國國學振興院
경북 안동시 도산면 퇴계로 1997
Tel : (054)851-0700　Fax : (054)851-0729
인쇄처 : (株)圖書出版 書藝文人畵
Tel : (02)732-7096~7　Fax : (02)738-9887
출판등록 제36호
ISBN 978-89-6178-110-7(94010)
89-952930-0-4(세트)

값 25,000원

韓國金石文集成(26)

高麗10 碑文10(圖錄篇)

趙明濟 編著

韓國國學振興院
青溟文化財團

목 차

一、檜巖寺　禪覺王師碑

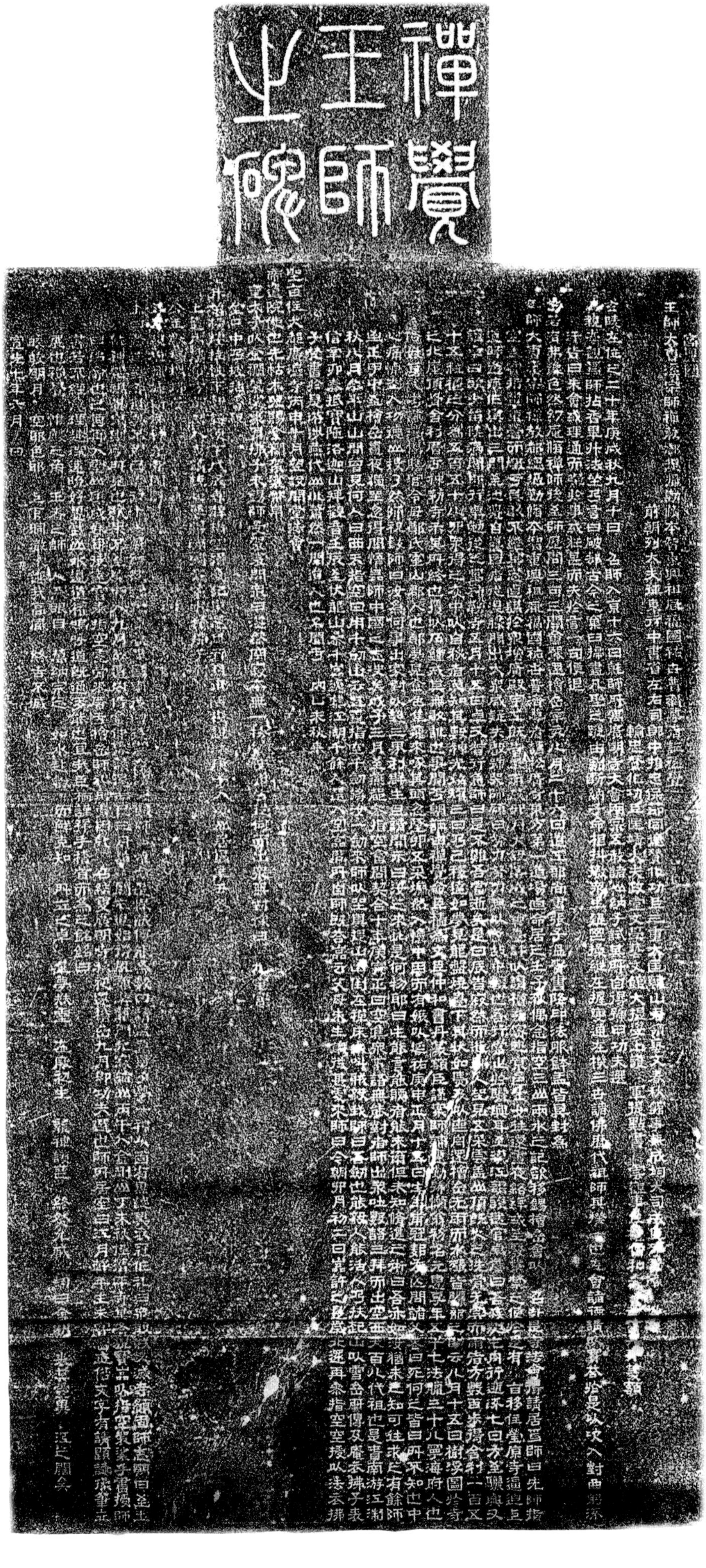

檜巖寺 禪覺王師碑 · 1

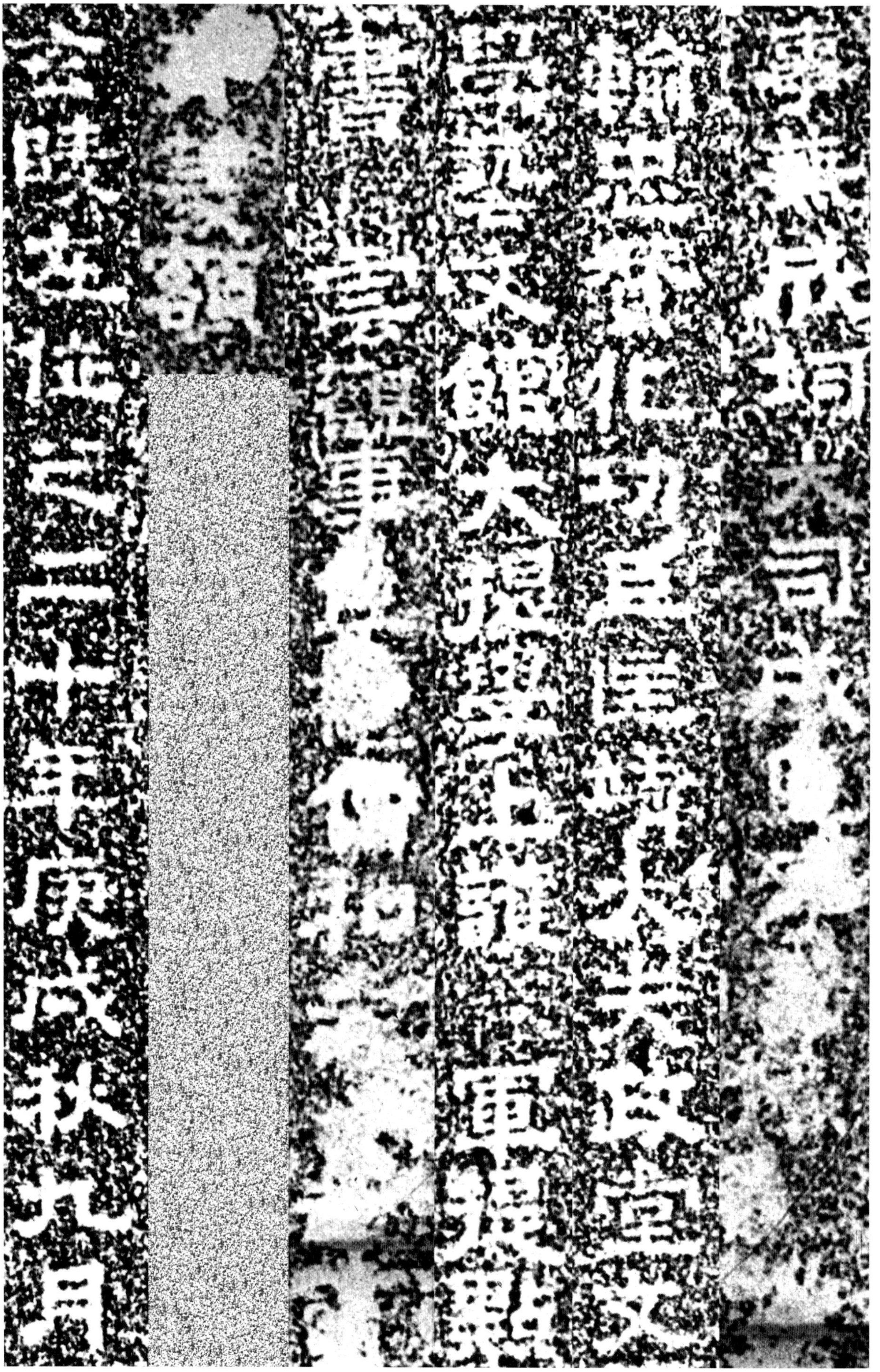

檜巖寺 禪覺王師碑 · 2

檜巖寺 禪覺王師碑 · 3

9

檜巖寺 禪覺王師碑 · 4

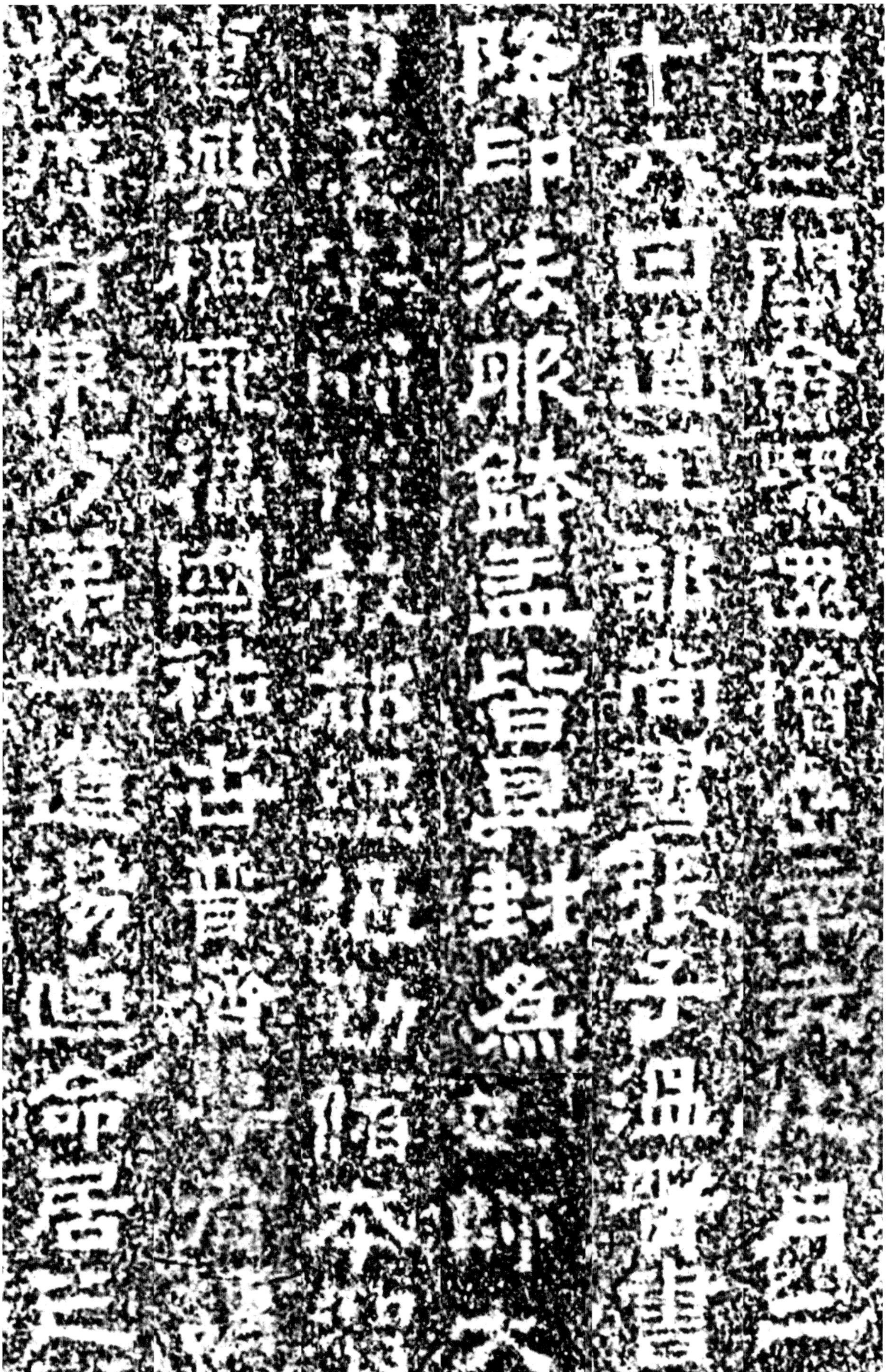

檜巖寺 禪覺王師碑 · 5

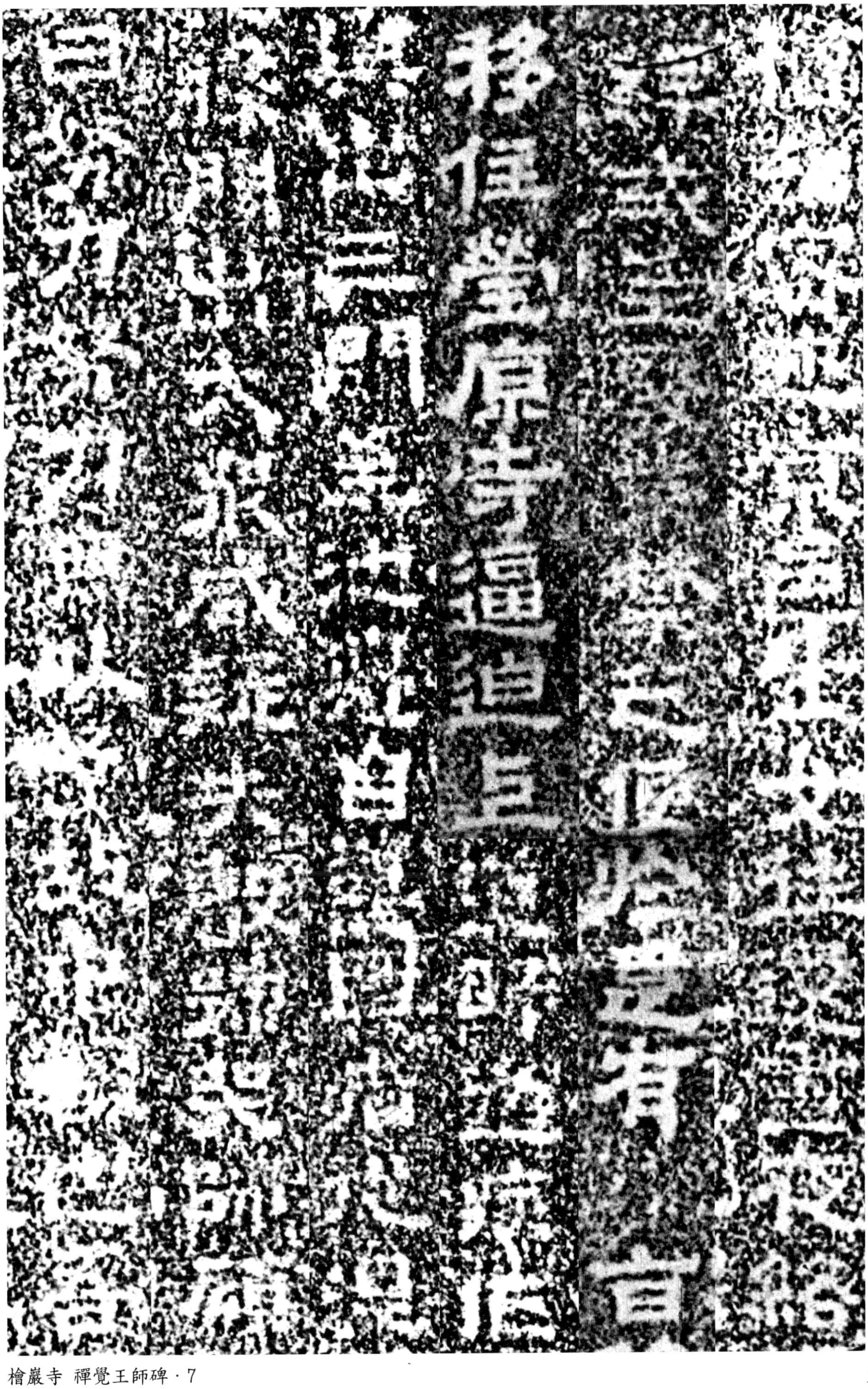

檜巖寺 禪覺王師碑 · 7

檜巖寺 禪覺王師碑 · 8

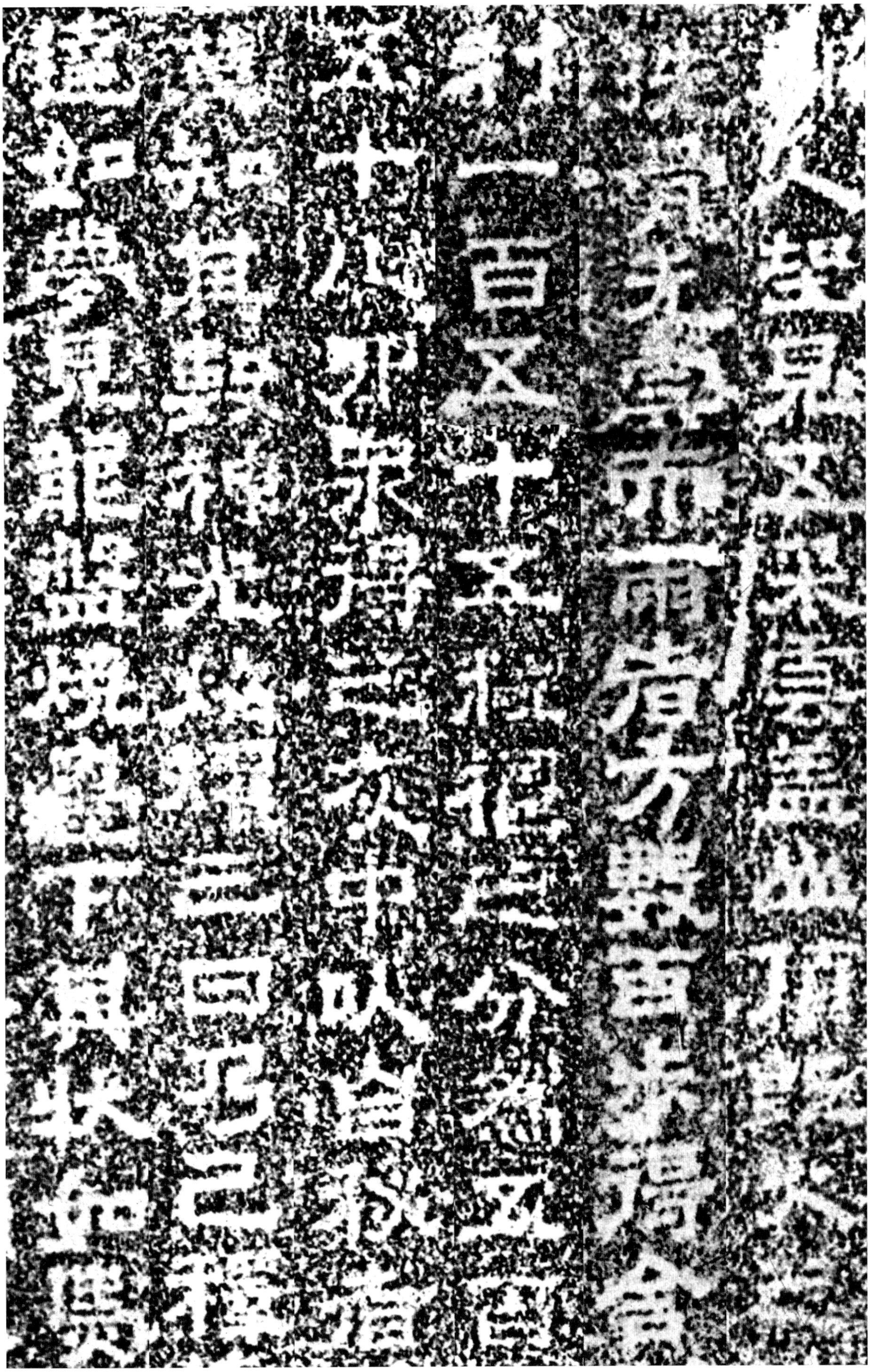

檜巖寺 禪覺王師碑 · 9

檜巖寺 禪覺王師碑 · 11

檜巖寺 禪覺王師碑 · 12

檜巖寺 禪覺王師碑 · 13

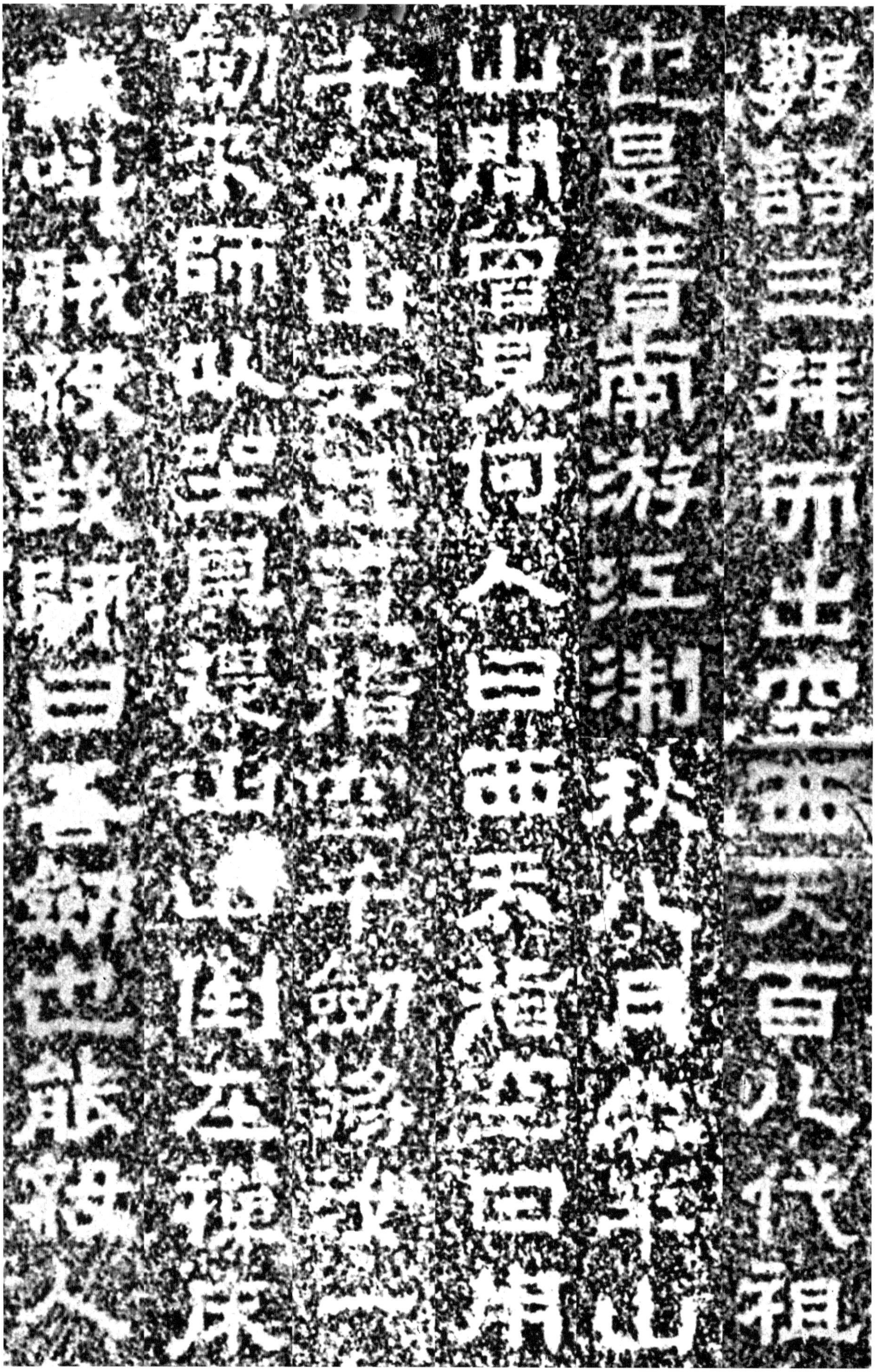

檜巖寺 禪覺王師碑 · 14

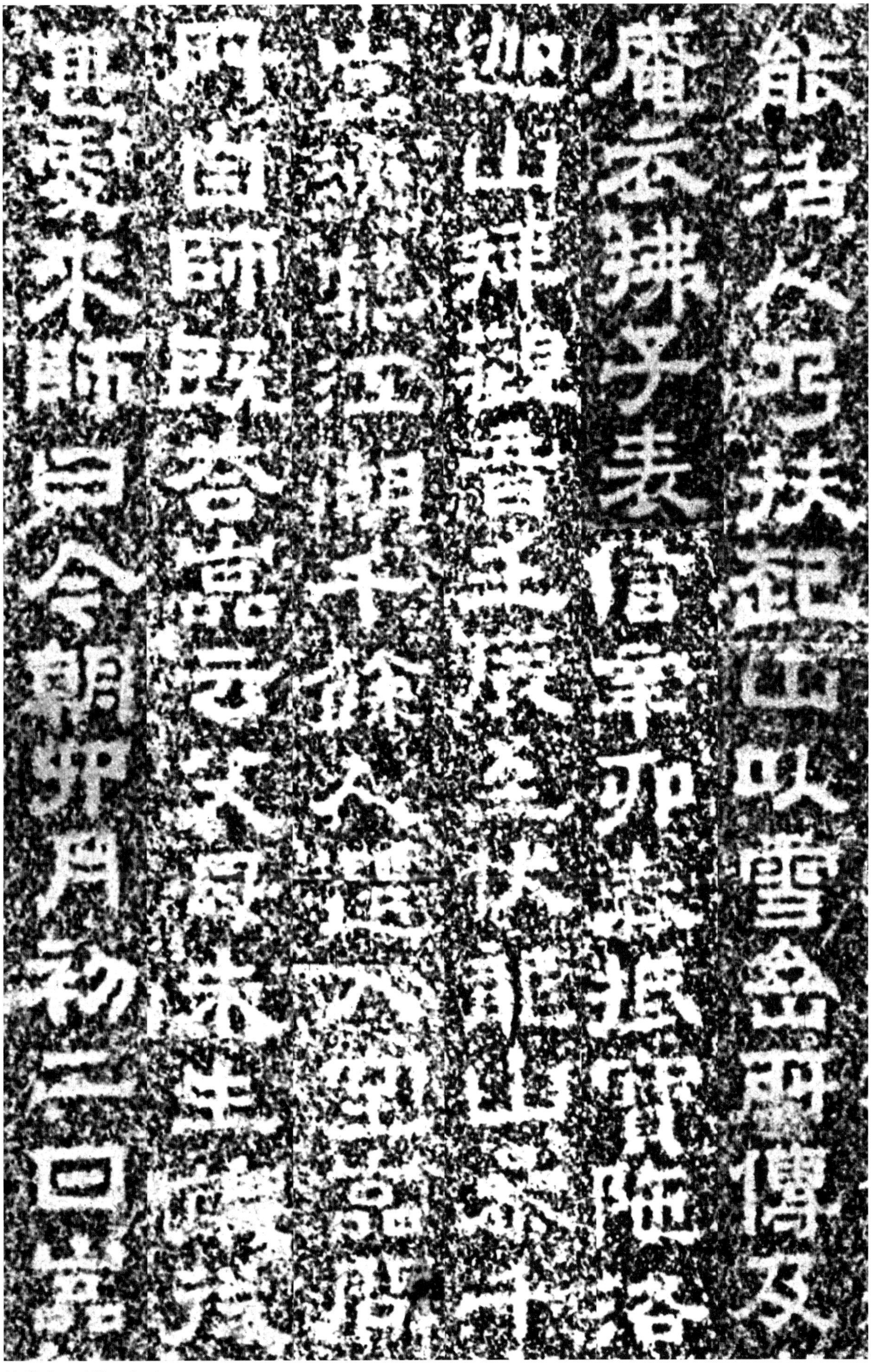

檜巖寺 禪覺王師碑 · 15

檜巖寺 禪覺王師碑 · 16

檜巖寺 禪覺王師碑 · 17

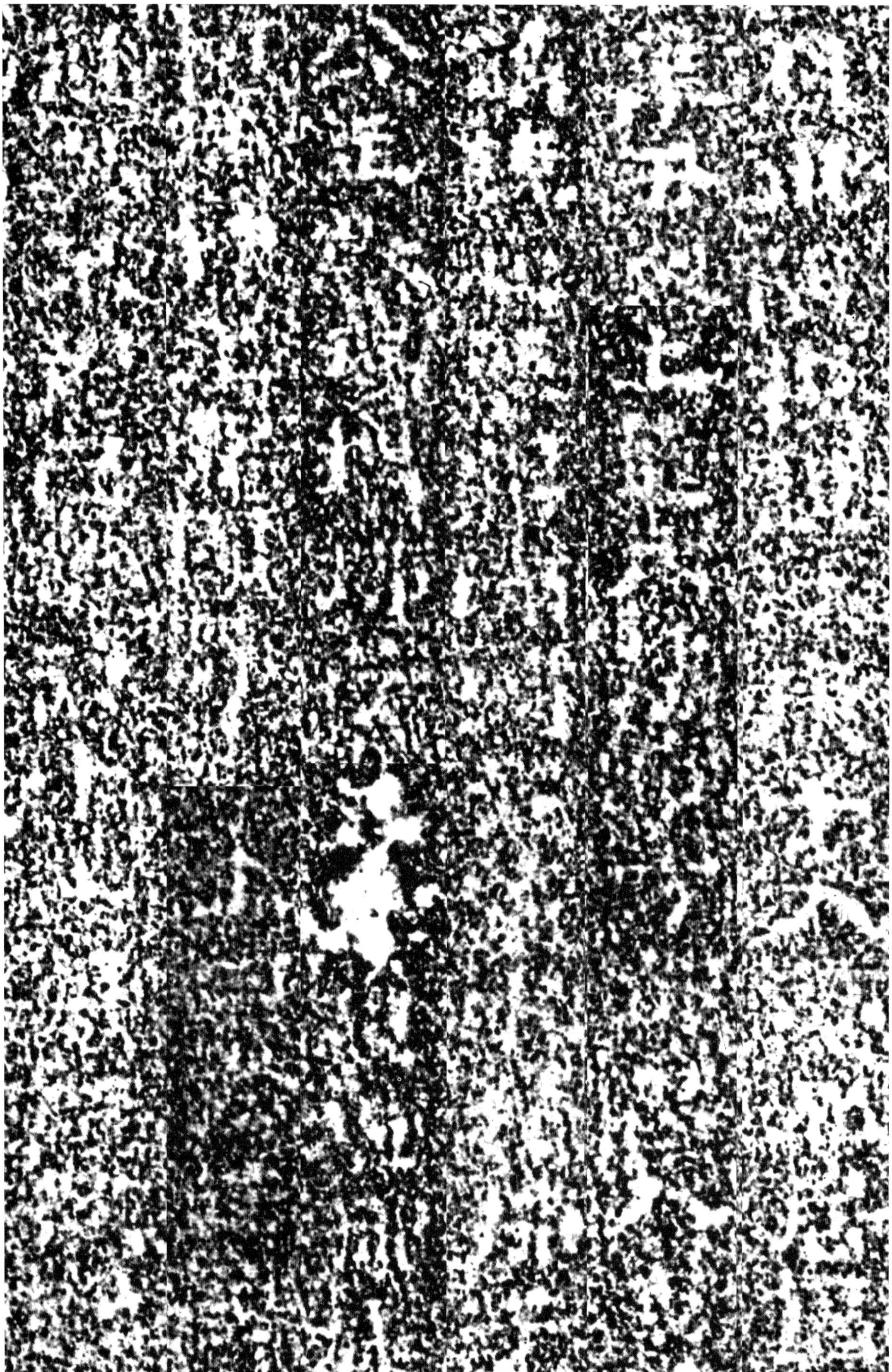

23 檜巖寺 禪覺王師碑 · 18

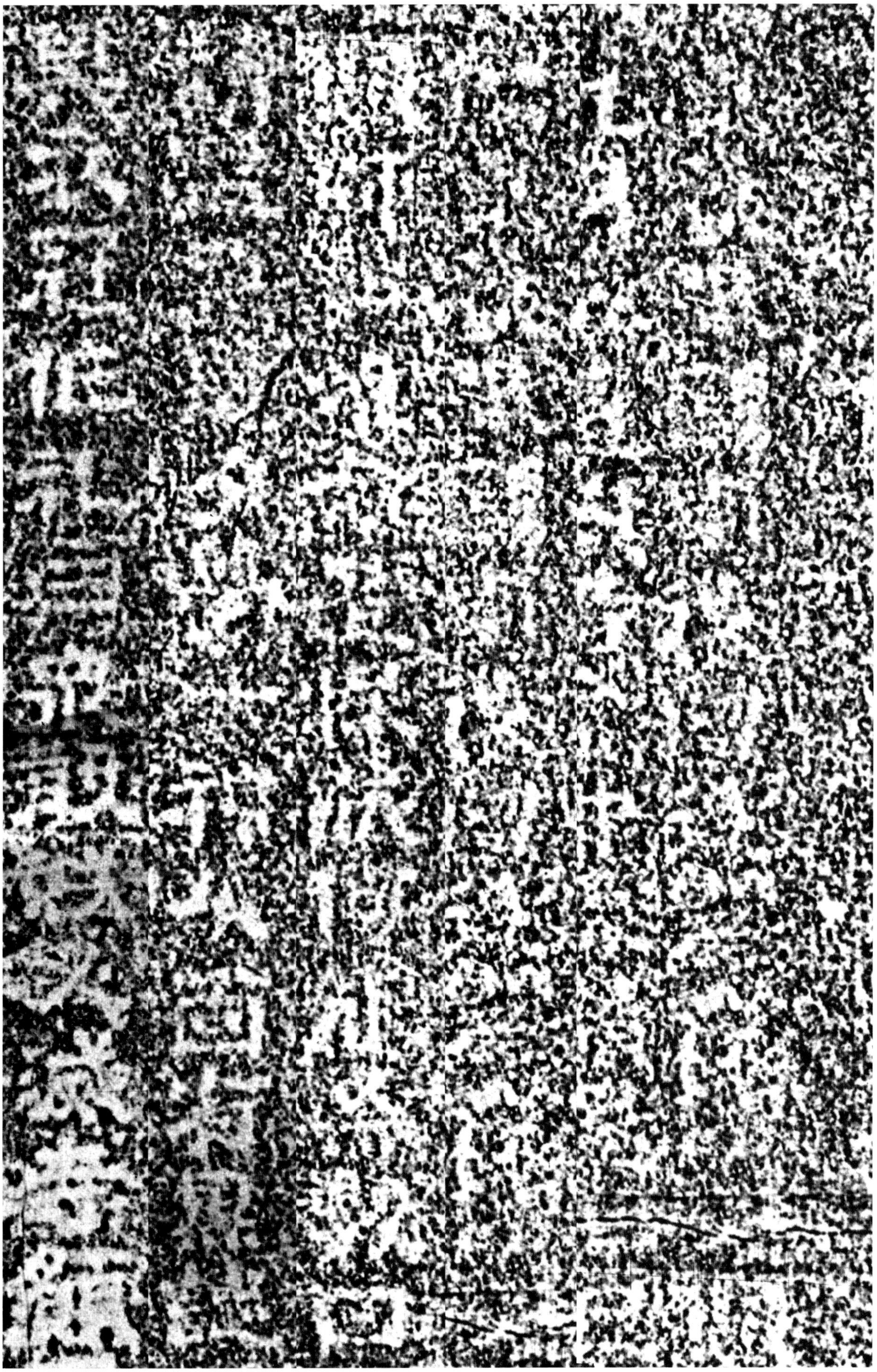

檜巖寺 禪覺王師碑 · 19

檜巖寺 禪覺王師碑 · 20

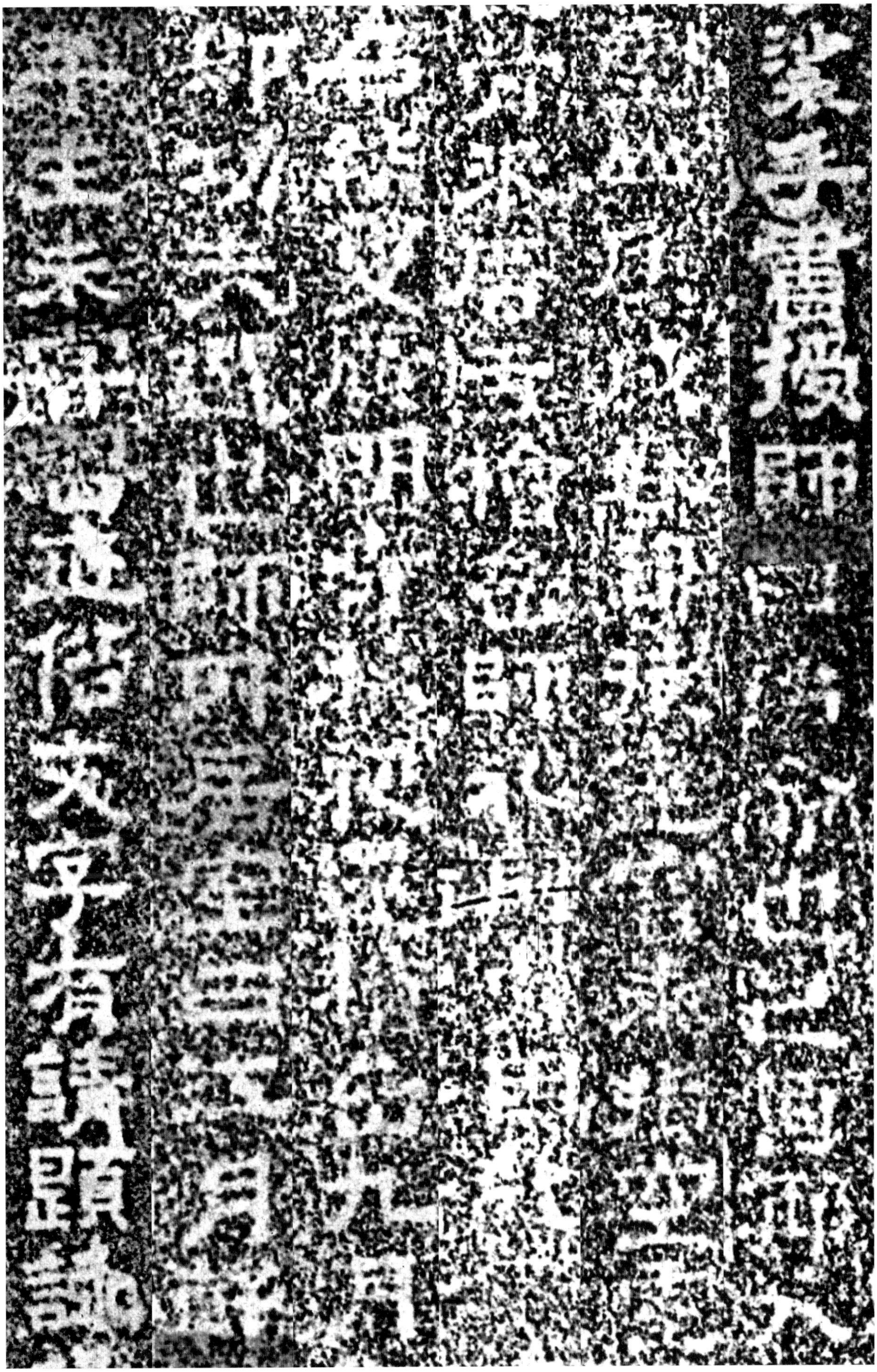

檜巖寺 禪覺王師碑 · 21

檜巖寺 禪覺王師碑 · 23

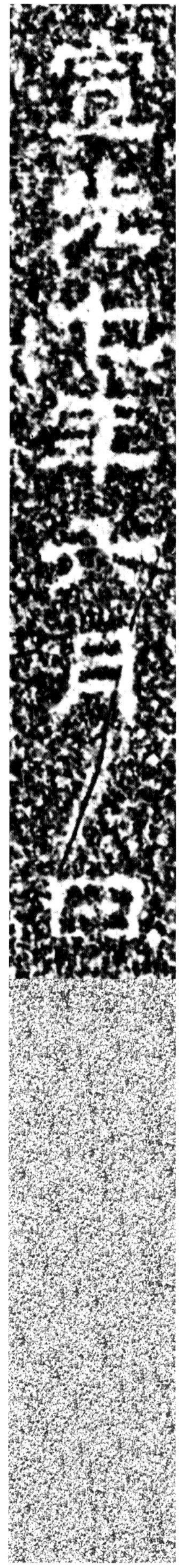

二、神勒寺 普濟舍利石鐘記

驪興郡神勒寺普濟舍
利石鍾記
禪覺王師普濟尊者之
示寂于驪興神勒寺也
靈異赫然疑者釋信者
益奮謀所以起敬

神勒寺 普濟舍利石鐘記 · 1

神勒寺 普濟舍利石鐘記 · 2

神勒寺 普濟舍利石鐘記 · 3

之矣而江與月猶夫前
回也今神勒臨長江石
鍾峙焉月出則影徹乎
[illegible]燈影象香
[illegible]襟乎禪師所謂江月
軒雖歷塵劫如普濟之

神勒寺 普濟舍利石鐘記 · 4

生存也今夫普濟舍利
散而之四方或在崔嵬
雲霧之中或在[illegible][illegible]澗
崖之隙或頂而戴或髀
而宿其所以奉持之者
比之普濟生存之日不

神勒寺 普濟舍利石鐘記 · 5

神勒寺 普濟舍利石鐘記 · 6

神勒寺 普濟舍利石鐘記 · 7

神勒寺 普濟舍利石鐘記 · 8

神勒寺 普濟舍利石鐘記 · 9

已受先生[illegible]極[illegible][illegible]矣
茲 將謁先生一言以
記吾師真堂先生幸無
麾焉吾師於吾獨惡無
現相應機辟則佛出世
是以檜巖也猶祇樹焉

神勒寺 普濟舍利石鐘記 · 10

神勒寺 普濟舍利石鐘記 · 11

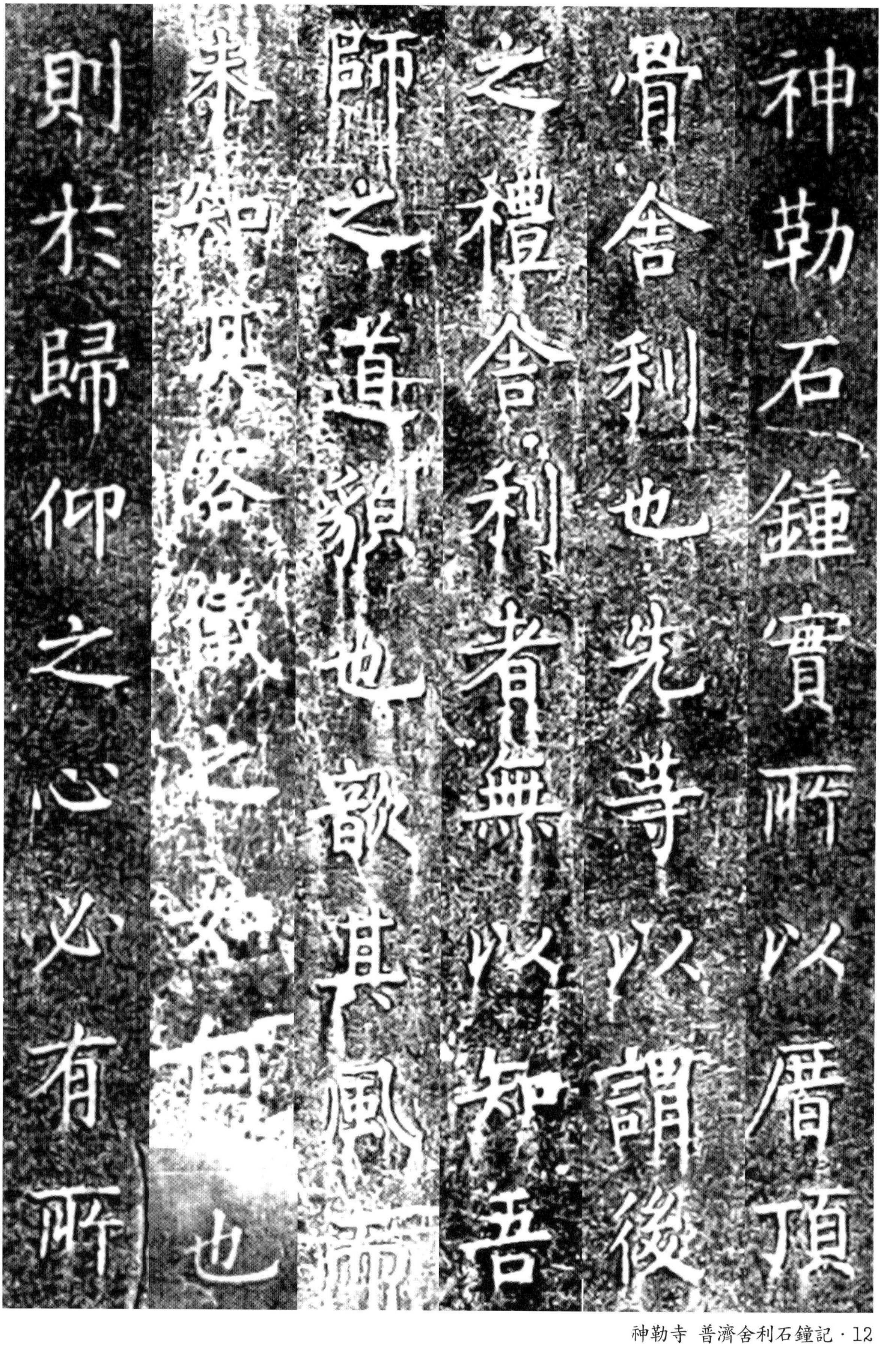

神勒石鍾實所以藏頂
骨舍利也先等以謂後
之禮舍利者無以知吾
師之道貌也歎其風範
未知其容儀之髣髴也
則於歸仰之心必有所

神勒寺 普濟舍利石鐘記 · 12

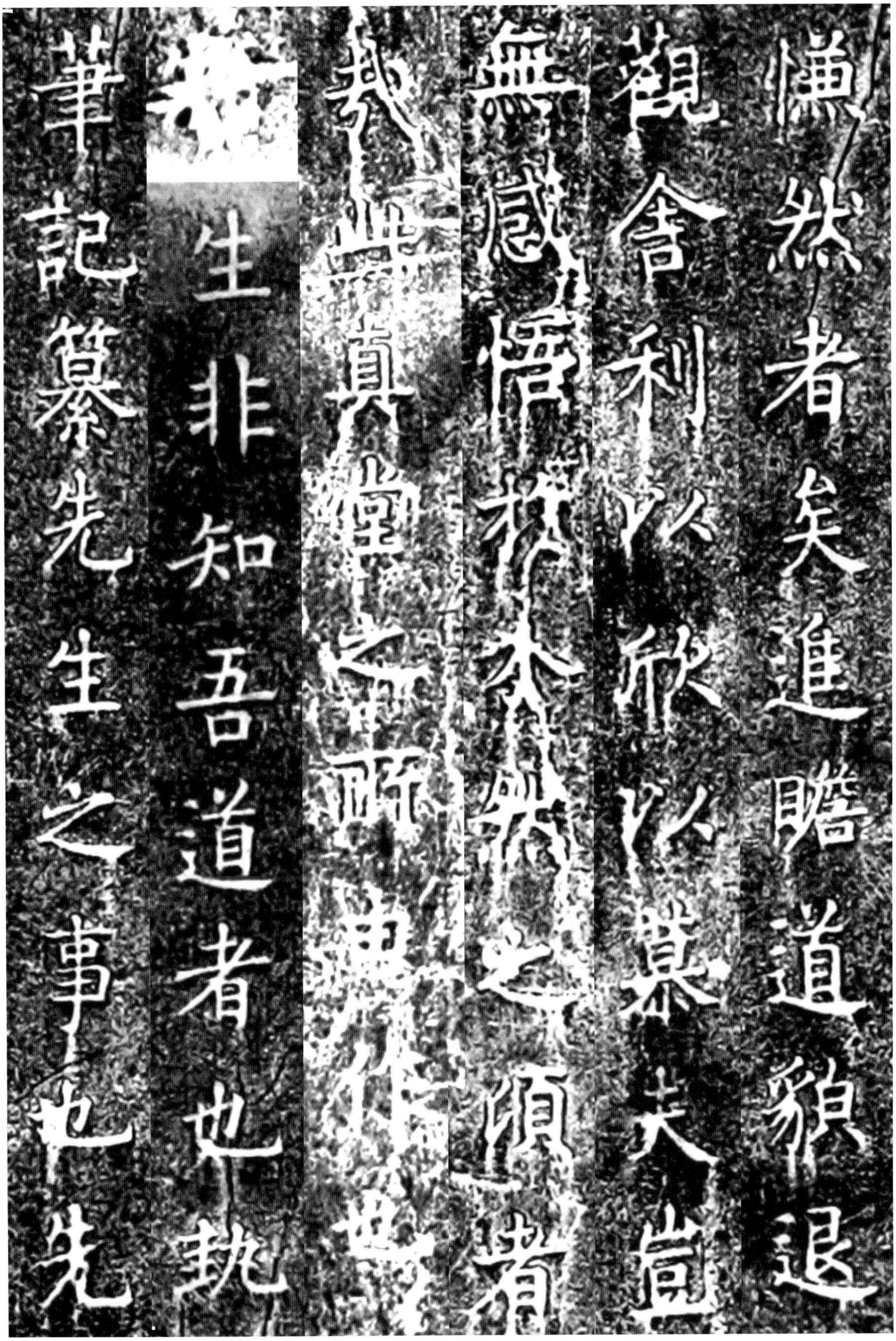

神勒寺 普濟舍利石鐘記 · 13

生其終惠焉予曰先也
言也是矣今夫像設多
矣街童巷婦[illegible]
必從[illegible]語之曰是佛也
其名曰某也是佛之弟
子也其名曰某也然後

神勒寺 普濟舍利石鐘記 · 14

神勒寺 普濟舍利石鐘記 · 15

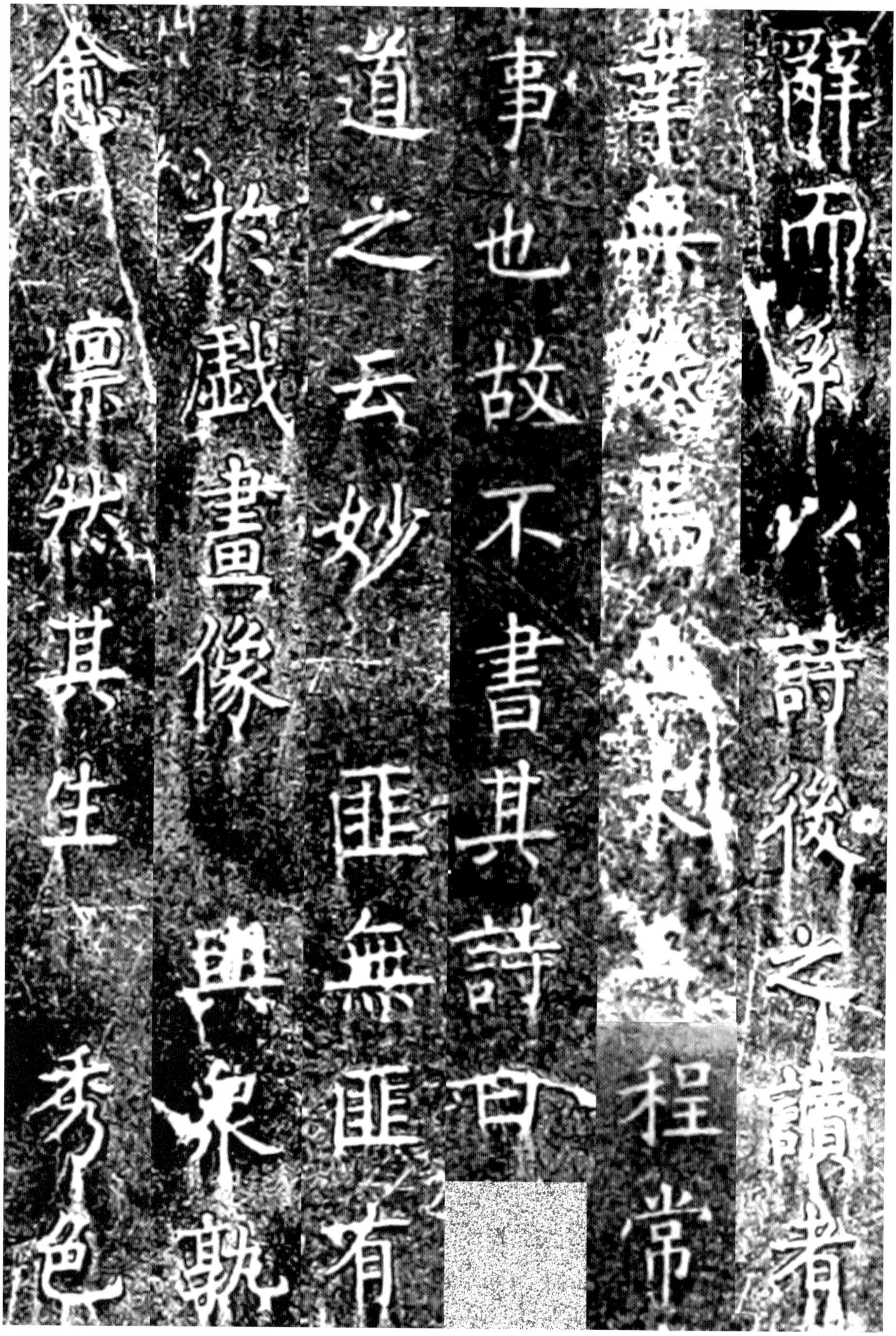

神勒寺 普濟舍利石鐘記 · 16

神勒寺 普濟舍利石鐘記 · 17

輸忠贊化功臣大匡上
黨君進賢館大提學臣
韓脩奉敎書
蒼龍乙未五月十五日
門人覺珠覺惺覺宏等
立石　刻手李仁生

神勒寺 普濟舍利石鐘記 · 18

<神勒寺 普濟舍利石鐘記 陰記>

[illegible]前住松廣廣道無
礙圓妙大智普濟大禪師
脩幻菴 前住光巖正智
圓明應物無礙摠持國一
大禪師[illegible]
光大禪師源本空水月

寺住持禪師智淵 普
光寺住持禪師覺瑚 首
座達順 首座無學 戒
行戒哲
宏如 宏淑 天圭 可
中 覺冏 覺宗 竹悟

神勒寺 普濟舍利石鐘記・20

覺空　覺芬　普明
覺照　覺永　覺希　覺
[illegible]
戒生　志寶　志一　覺
敬　志正　安分　覺守
比丘　屋淨業院住持妙

神勒寺 普濟舍利石鐘記 · 21

神勒寺 普濟舍利石鐘記 · 22

應
檀越 永昌府院君瑜
曲城府院君廉悌臣 順
城君挺 司空覺祥 司
空志超 章佩監大卿龜
城府院

神勒寺 普濟舍利石鐘記・24

續命 判崇敬府事李得

芩、南陽君洪永通 前

判開城府事李成林 前

[illegible]

山君朴成亮 中原君劉

完密直司使都吉敷

前開城尹李邦直 前開
城尹柳珣 前[illegible][illegible]判書
[illegible]識
継生 前禮儀判書權僖
前典工判書洪義龍
前典工判書柳之隰 晋

神勒寺 普濟舍利石鐘記 · 26

神勒寺 普濟舍利石鐘記 · 27

瑚 得通居士林万里
前大護軍李天明 前典
儀令趙思謙 知驪興郡
事吳璹 前中顯大夫書

神勒寺 普濟舍利石鐘記 · 28

護軍任彥忠 護軍趙璟
前知淸風郡事金承獝
前將軍元皇 前開城
少尹李之琳 前典醫副
□□繼□
事李璘 前典醫副正梁

允奇 前全州判官高天

具 前中郎將元老朴

思儉 前郎將金鈞韋

[illegible]

良 李覺卿 郎將李得

桂 進士元天錫 判軍

神勒寺 普濟舍利石鐘記 · 30

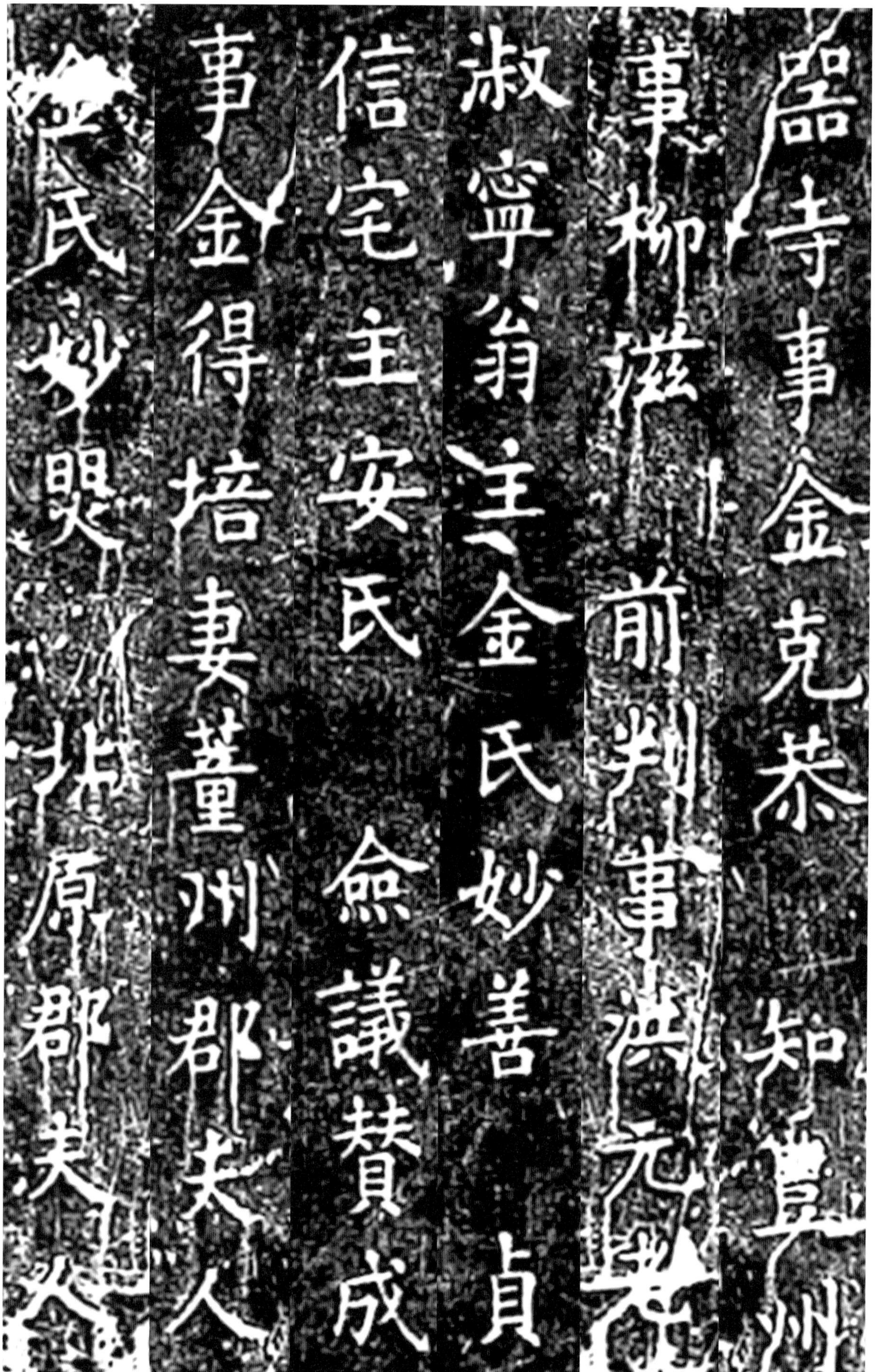
器寺事金克恭 知豊州
事柳滋 前判事洪元老
淑寧翁主金氏妙善 貞
信宅主安氏 僉議賛成
事金得培妻蓋州郡夫人
金氏妙嬰 北原郡夫人

神勒寺 普濟舍利石鐘記 · 31

人朴氏　晉康郡鄭氏
上洛郡金氏妙英　晉陽
郡柳氏妙玄　永興郡康
氏妙全
郡李氏妙

神勒寺 普濟舍利石鐘記 · 32

鈴平郡尹氏妙美 上洛
郡金氏妙明 鈴平郡尹
氏妙蘭 金堤郡趙氏
羅州郡羅氏妙善 善
郡金氏妙
劉氏 丹陽郡池氏 優

神勒寺 普濟舍利石鐘記 · 33

婆塞李夫白 崔龍哲
貞蘭 元松 志宗 白
松 高連 廣大 難大
金 [illegible]
覺根 金覺持 海富
金加羅大 李夫介 金

神勒寺 普濟舍利石鐘記 · 34

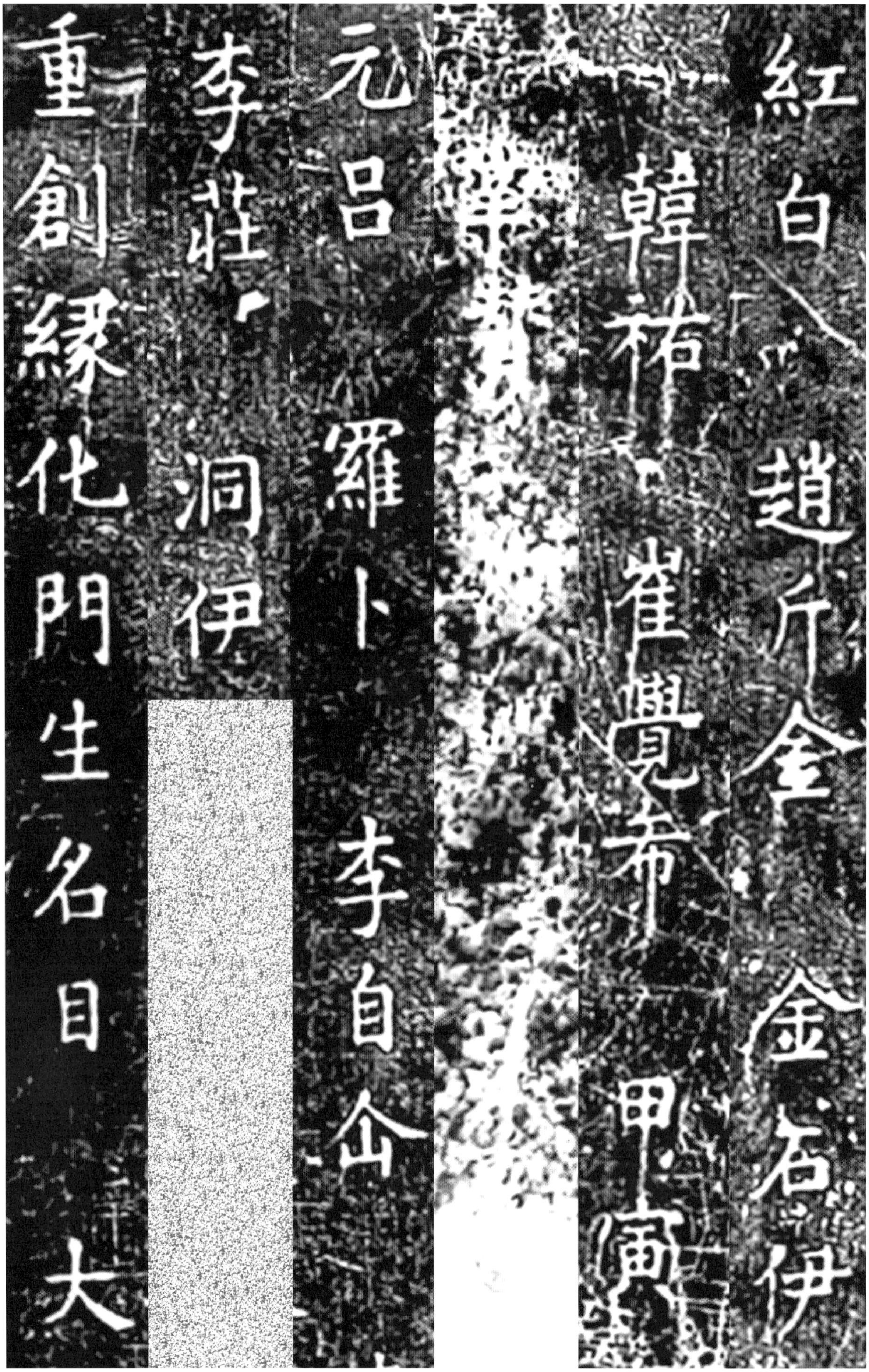

神勒寺 普濟舍利石鐘記 · 35

殿志瓊覺守心正祖堂
志先志守志捴僧堂宏
昰惠文禪堂覺緣覺竹
鐘禪覺禪
松西翼堂志延南行
廊覺超志行香積堂信

神勒寺 普濟舍利石鐘記 · 36

堅幡瓦志清慈行志惠
石鍾首座覺信覺智
志希覺崇志信志興
都事覺緣 監寺冏輝
典座海順 石手智明金

神勒寺 普濟舍利石鐘記 · 37

神勒寺 普濟舍利石鐘記 · 38

三、太古寺　圓證國師碑

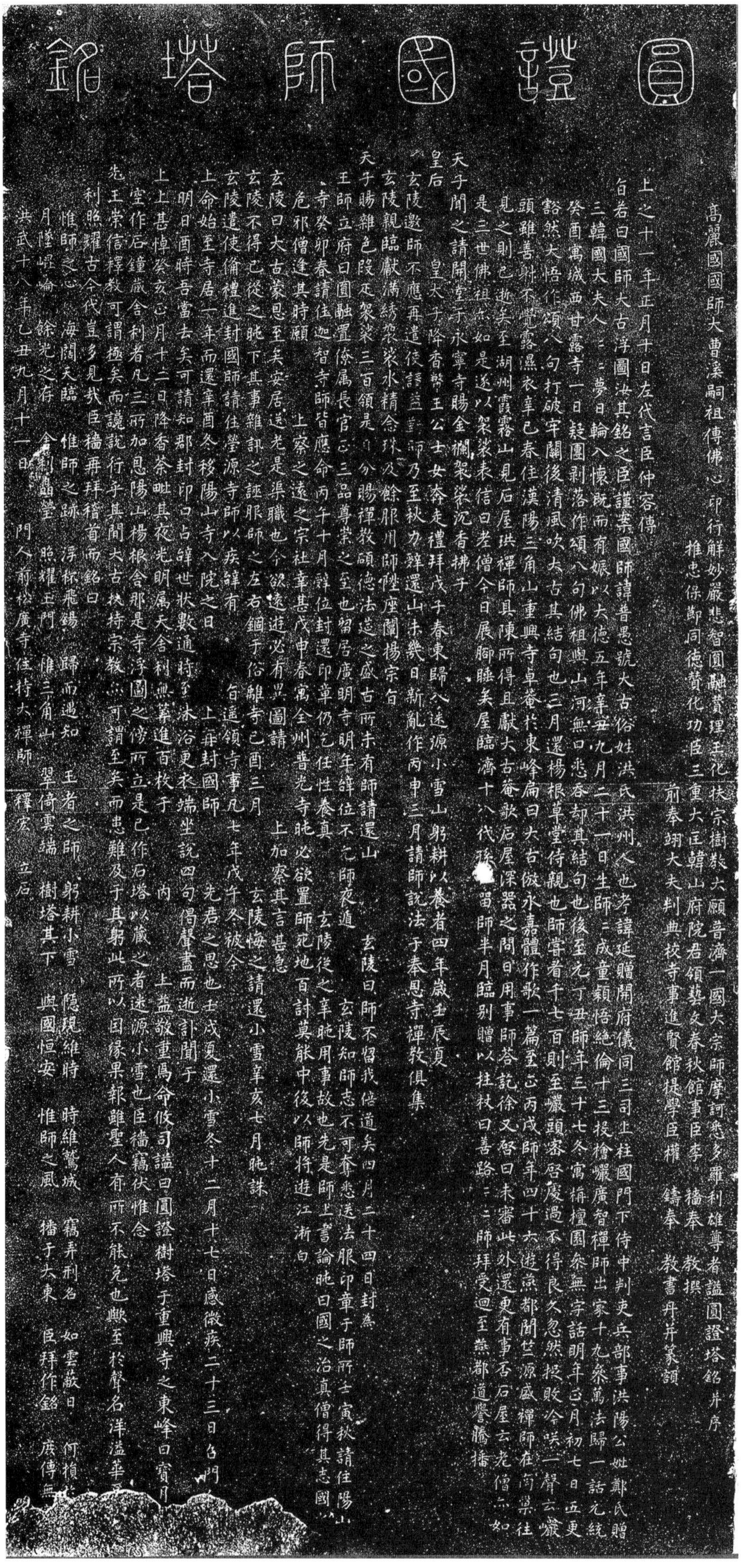

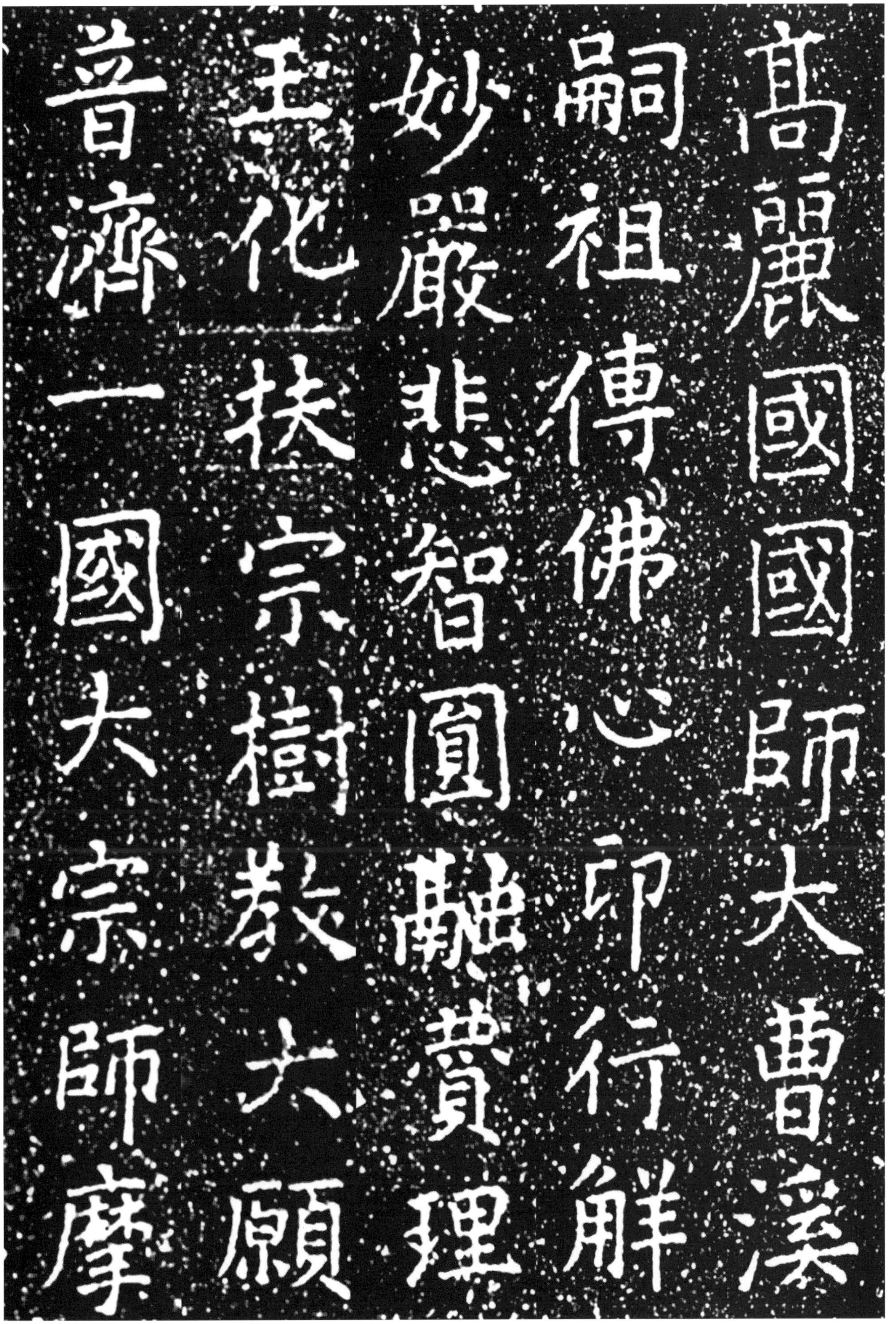
高麗國國師大曹溪
嗣祖傳佛心印行解
妙嚴悲智圓融贊理
王化扶宗樹教大願
普濟一國大宗師摩

太古寺 圓證國師碑 · 1

訶悉多羅利雄尊者
諡圓證塔銘幷序
推忠保節同德贊化
功臣三重大匡韓山
府院君領藝文春秋

館事臣李穡奉
教撰
前奉翊大夫判典校
寺事進賢館提學臣
權鑄奉教書丹

太古寺 圓證國師碑 · 3

幷篆額
上之十一年正月十
日左代言臣仲容傳
旨若曰國師大古浮
圖汝其銘之臣謹案

國師諱普愚號太古
俗姓洪氏洪州人也
考諱延贈開府儀同
三司上柱國門下侍
中判吏兵部事洪陽

太古寺 圓證國師碑 · 5

公妣鄭氏贈三韓國
大夫人〻〻夢日輪
入懷既而有娠以大
德五年辛丑九月二
十一日生師〻成童

太古寺 圓證國師碑 · 6

太古寺 圓證國師碑 · 7

頌八句佛祖與山河
無口悉吞却與結句
也後至元丁丑師年
三十七冬寓栴檀園
參無字話明年正月

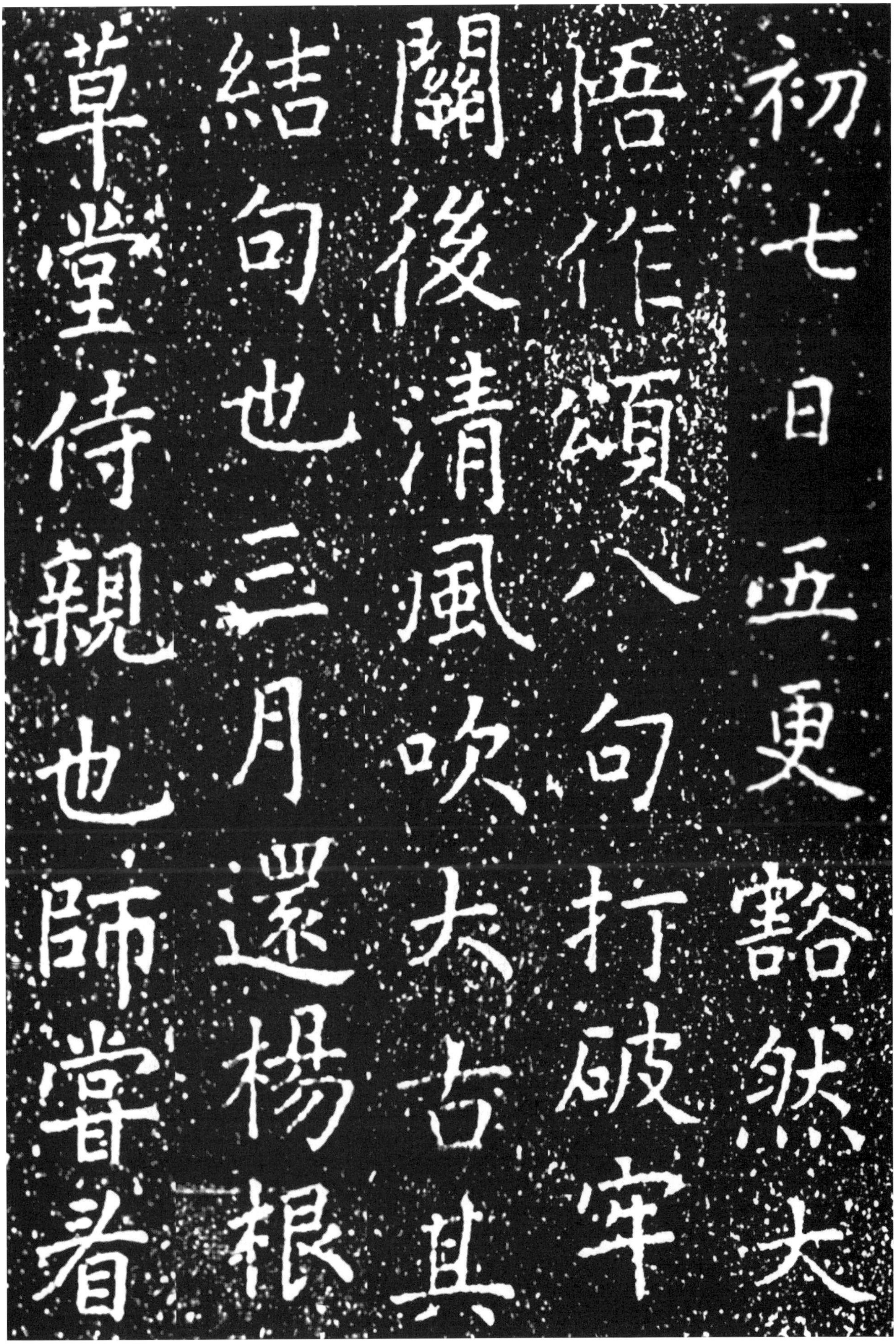

初七日五更豁然大
悟作頌八句打破牢
關後清風吹太古其
結句也三月還楊根
草堂侍親也師嘗着

太古寺 圓證國師碑 · 9

千七百則至巖頭密
啓屢過不得良久忽
然捉敗冷咲一聲云
巖頭雖善射不覺露
濕衣辛巳春住漢陽

三角山重興寺卓菴
於東峰扁曰太古倣
永嘉體作歌一篇至
正丙戌師年四十六
遊燕都聞竺源盛禪

師在南巢往見之則已逝矣至湖州霞霧山見石屋珙禪師具陳所得且獻太古庵歌石屋深器之問曰

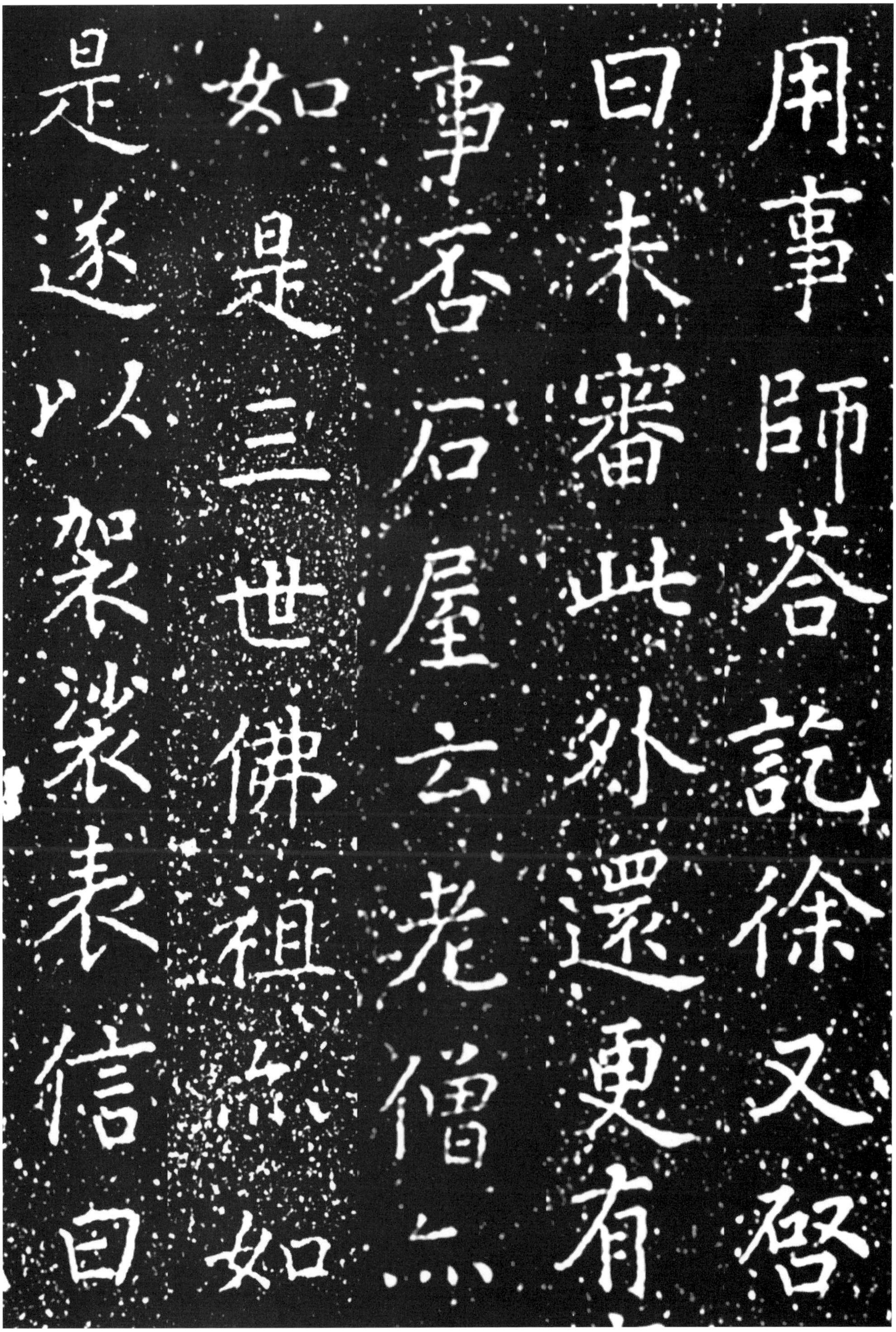
用事師荅訖徐又啓
曰未審此外還更有
事否石屋云老僧無
如是三世佛祖亦如
是遂以袈裟表信曰

太古寺 圓證國師碑 · 13

老僧今日展脚睡矣
屋臨濟十八代孫
留師半月臨別贈以
拄杖曰善路二三師
拜受迴至燕都道譽

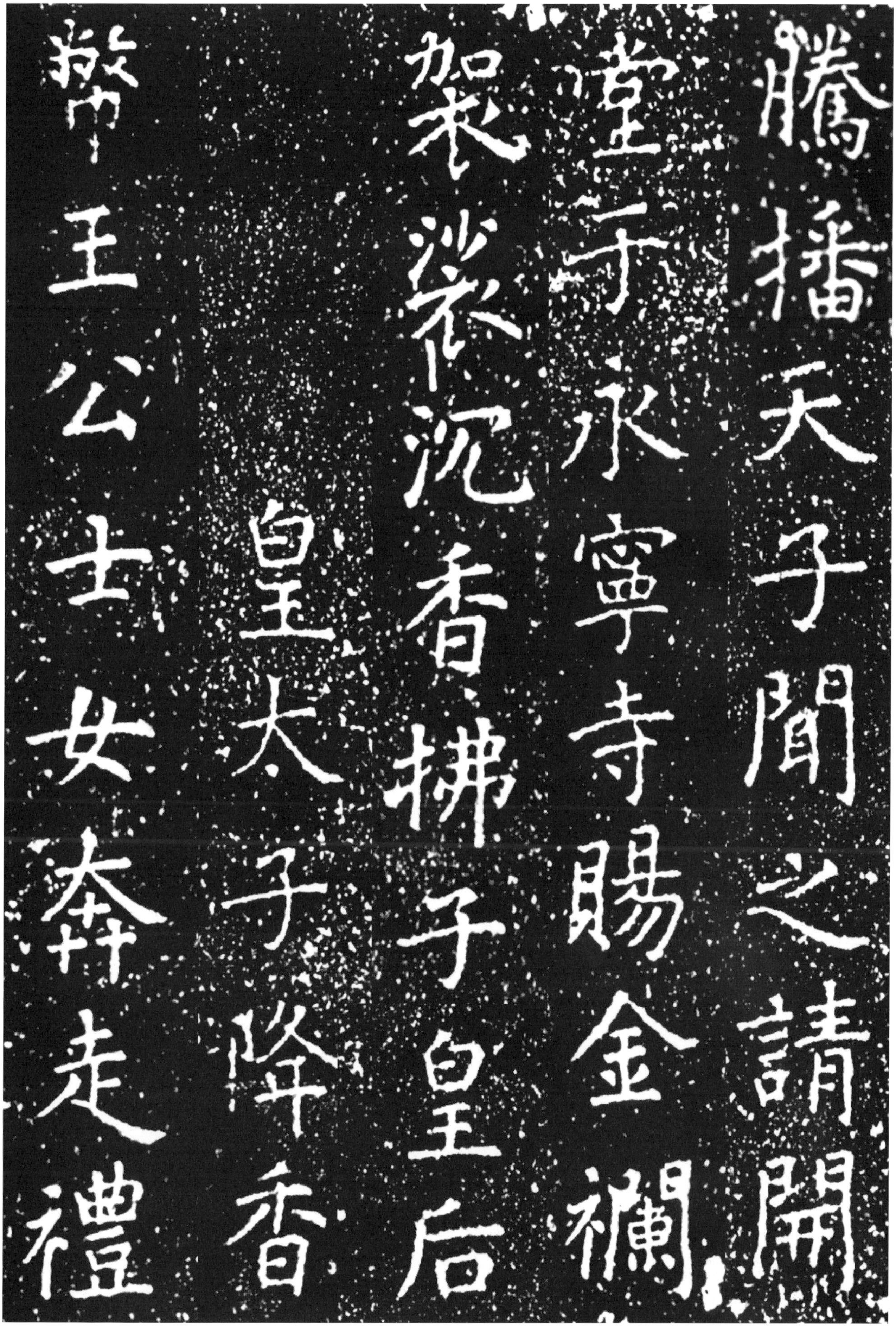
騰播天子聞之請開
堂于永寧寺賜金襴
袈裟沉香拂子皇后
皇太子降香
幣王公士女奔走禮

太古寺 圓證國師碑 · 15

拜戊子春東歸入迷
源小雪山躬耕以養
者四年歲壬辰夏玄
陵邀師不應再遣使
請益勤師乃至秋力

辭還山未幾日新亂
作丙申三月請師說
法于奉恩寺禪教俱
集玄陵親臨獻滿繡
袈裟水精念珠及餘

服用師陞座闡揚宗
旨天子賜雜色段疋
袈裟三百領是日分
賜禪教碩德法遂[illegible]
盛古所寺有師請還

太古寺 圓證國師碑 · 19

至也留居廣明寺明
年辭位不允師夜遁
玄陵知師志
不可奪悉送法服印
章于師所壬寅秋請

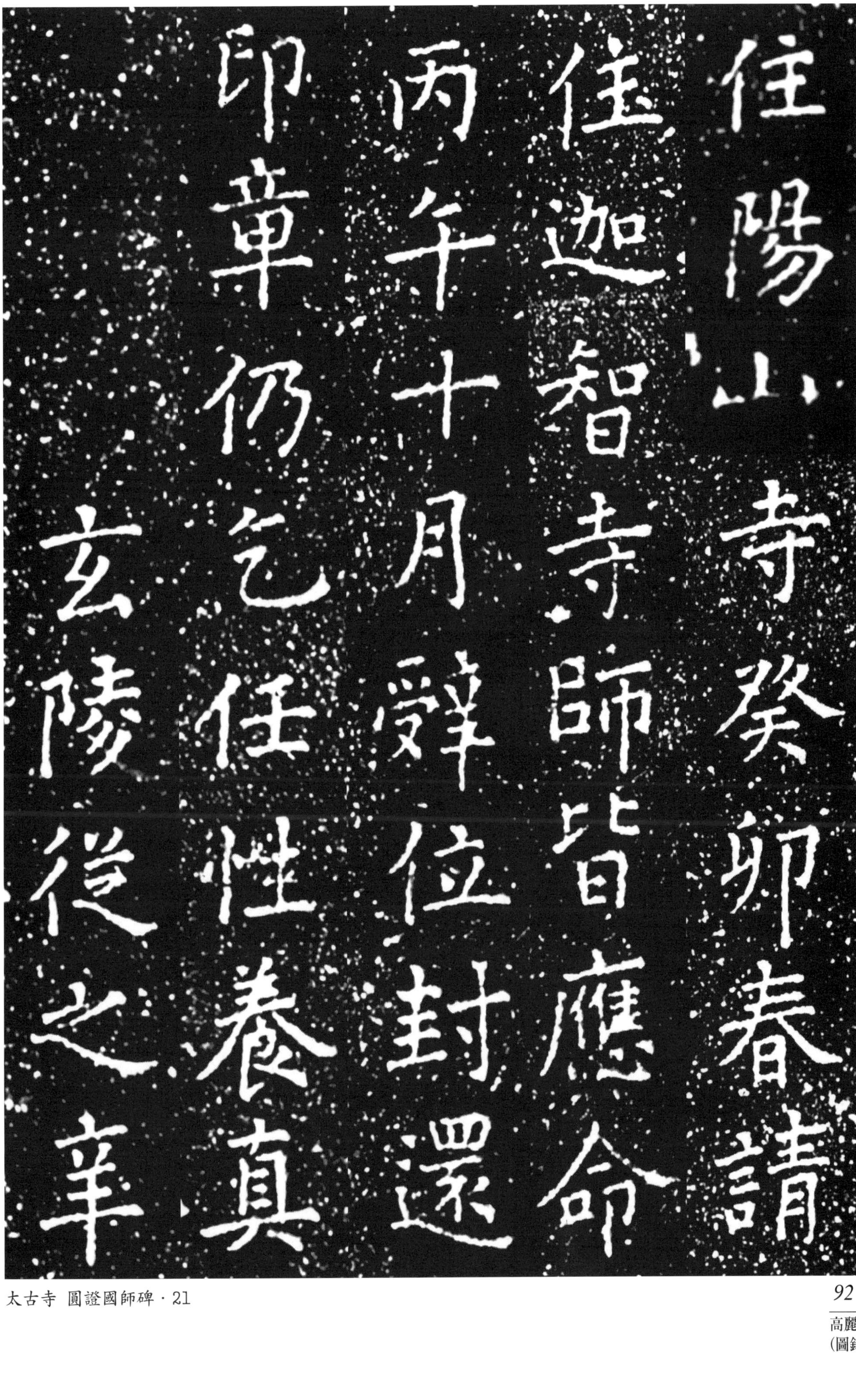
住陽山寺癸卯春請
住迦智寺師皆應命
丙午十月辭位封還
印章仍乞住性養眞
玄陵從之辛

太古寺 圓證國師碑 · 21

旽用事故也先是師
上書論旽曰國之治
真僧得其志國以危
邪僧逢其時願
上察之遠之宗社

幸甚戊申春寓金州
普光寺聽必欲置師
宛地百計莫能中後
以師將遊江浙白玄
陵曰大古蒙恩至矣

安居送老是渠職也
今欲遠遊必有異圖
請　上加察其
言甚急玄陵不得已
從之旣下其事雜訊

之誣服師之左右錮
于俗離寺己酉三月
玄陵悔之請
還小雪辛亥七月聽
誅玄陵遣使備禮進

太古寺 圓證國師碑 · 25

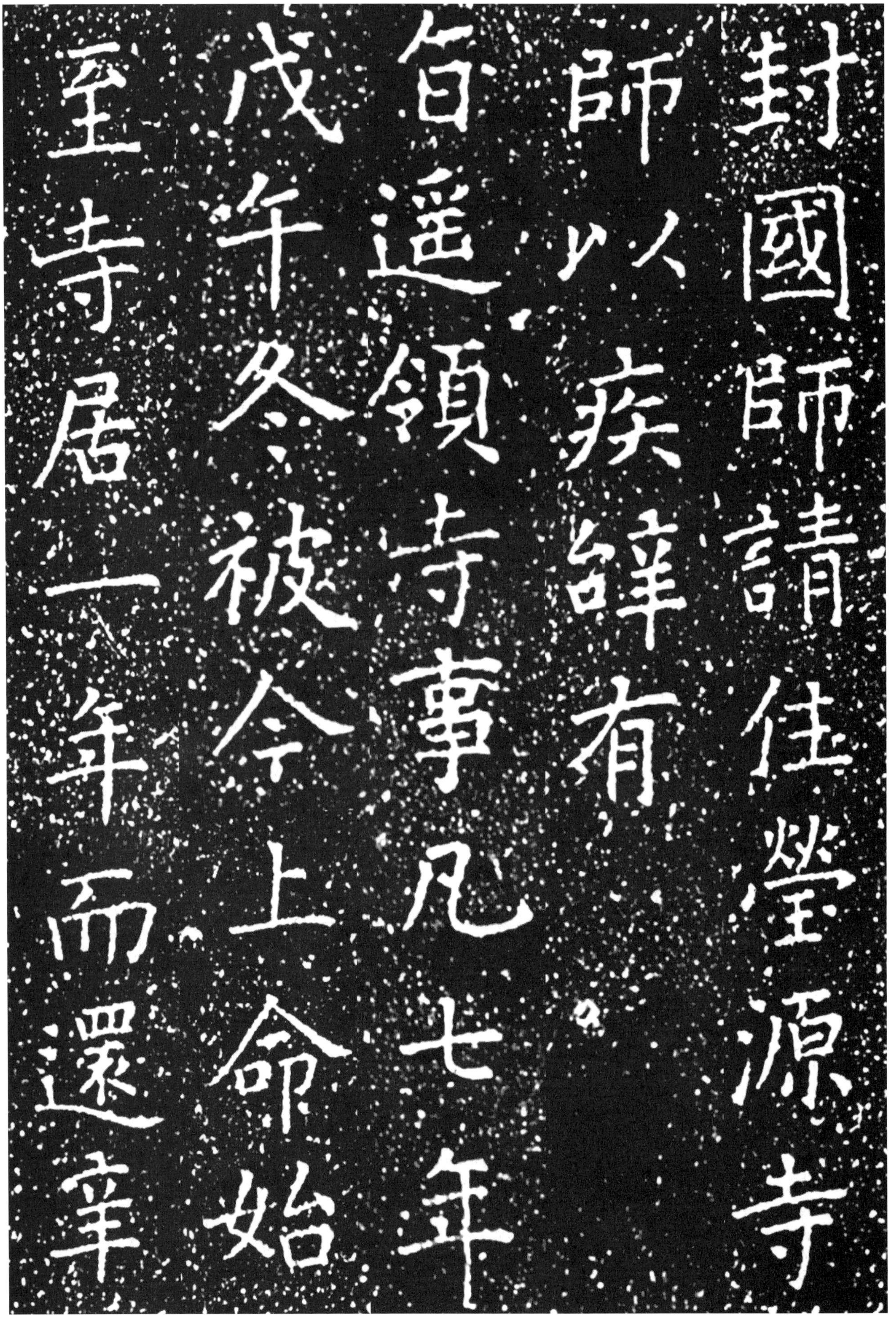

封國師請住瑩源寺
師以疾辭有
旨遥領寺事凡七年
戊午冬被令上命始
至寺居一年而還韋

酉冬移陽山寺入院
之日　上乘封
國師　先君之
思也壬戌夏還小雪
冬十二月十七日感

太古寺 圓證國師碑 · 27

微疾二十三日召門
[illegible][illegible]明日酉時吾當
去矣可請知郡封印
白告辭世狀數通時
至沐浴更衣端坐說

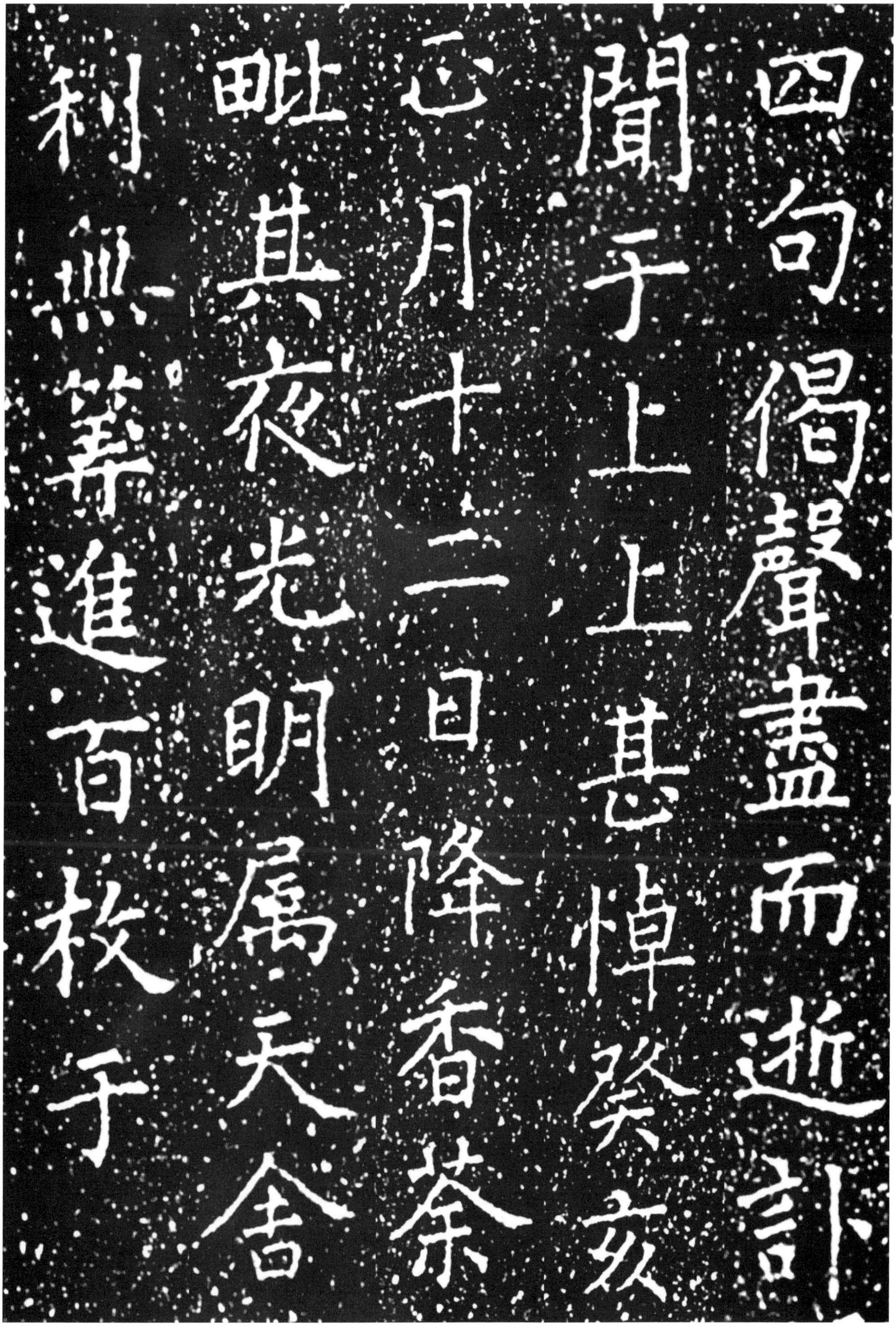
四句偈聲盡而逝訃
聞于上上甚悼癸亥
正月十二日降香茶
毗其夜光明屬天舍
利無算進百枚于

太古寺 圓證國師碑 · 29

內　　　上益
敬董焉命攸司謚曰
圓證樹塔于重興寺
之東峰曰寶月[illegible]空
作石鐘藏舍利者凡

三所加恩陽山楊根
舍那是寺浮圖之傍
所立是已作石塔以
藏之者迷源小雪也
臣穡竊伏惟念先王

太古寺 圓證國師碑 · 31

崇信釋教可謂極矣
而讓說行乎其間大
古扶持宗教然可謂
至矣而患難及乎其
躬此所以因緣果報

雖聖人有所不能免
也歟至於聲名洋溢
華夏[illegible]利照耀古今
代豈多見哉臣穡再
拜稽首而銘曰

太古寺 圓證國師碑 · 33

惟師之心海闊天
臨惟師之跡浮
杯飛錫歸而遇知
王者之師躬耕
小雪隱現維時

太古寺 圓證國師碑 · 35

惟三角山 峯倚雲
端 樹塔其下 與
國恒安 惟師之風
播于太東 臣拜
作銘 廣傳無窮

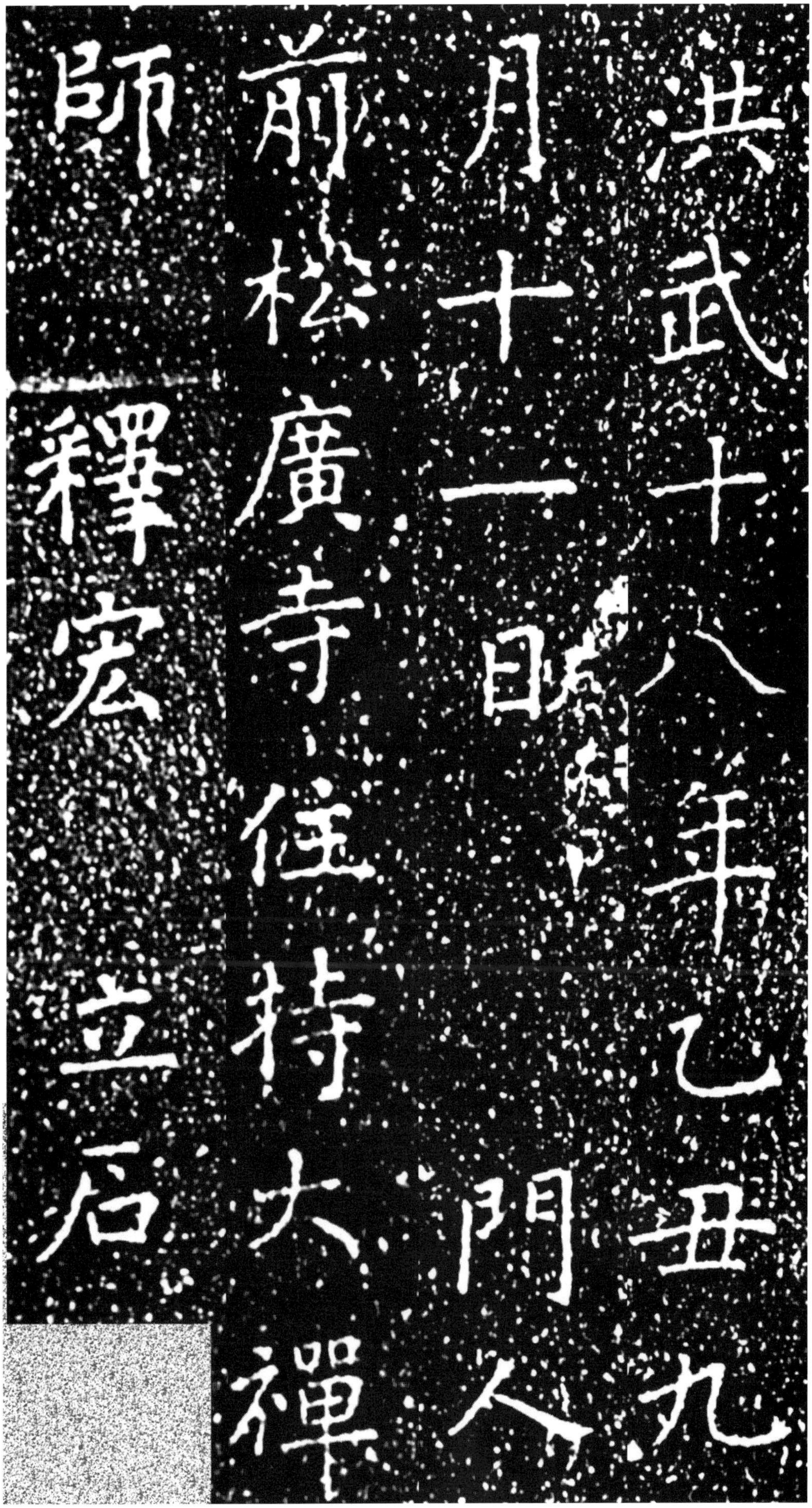
洪武十八年乙丑九
月十一日 門人
前松廣寺住持大禪
師 釋宏立石

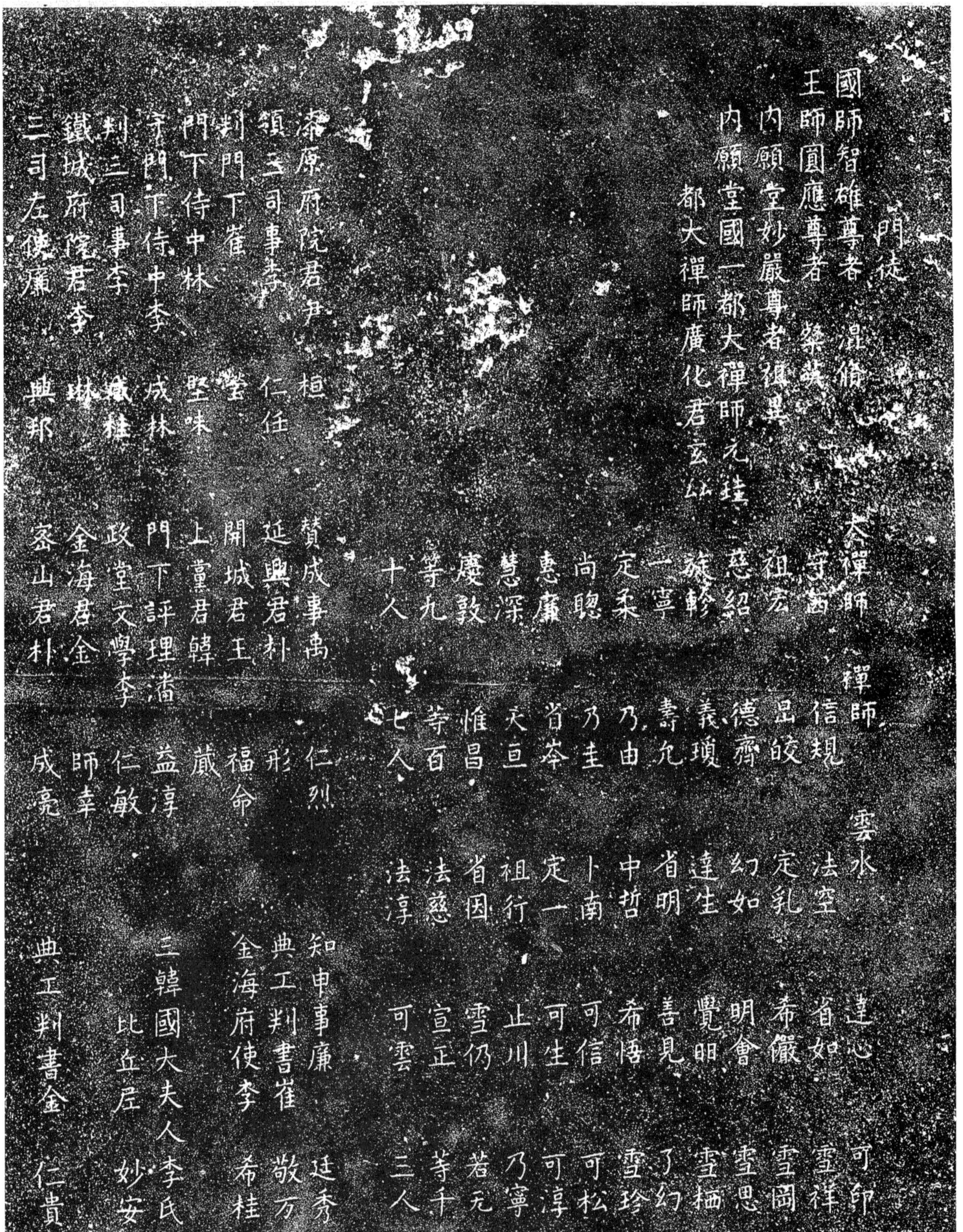

<太古寺 圓證國師碑 陰記>

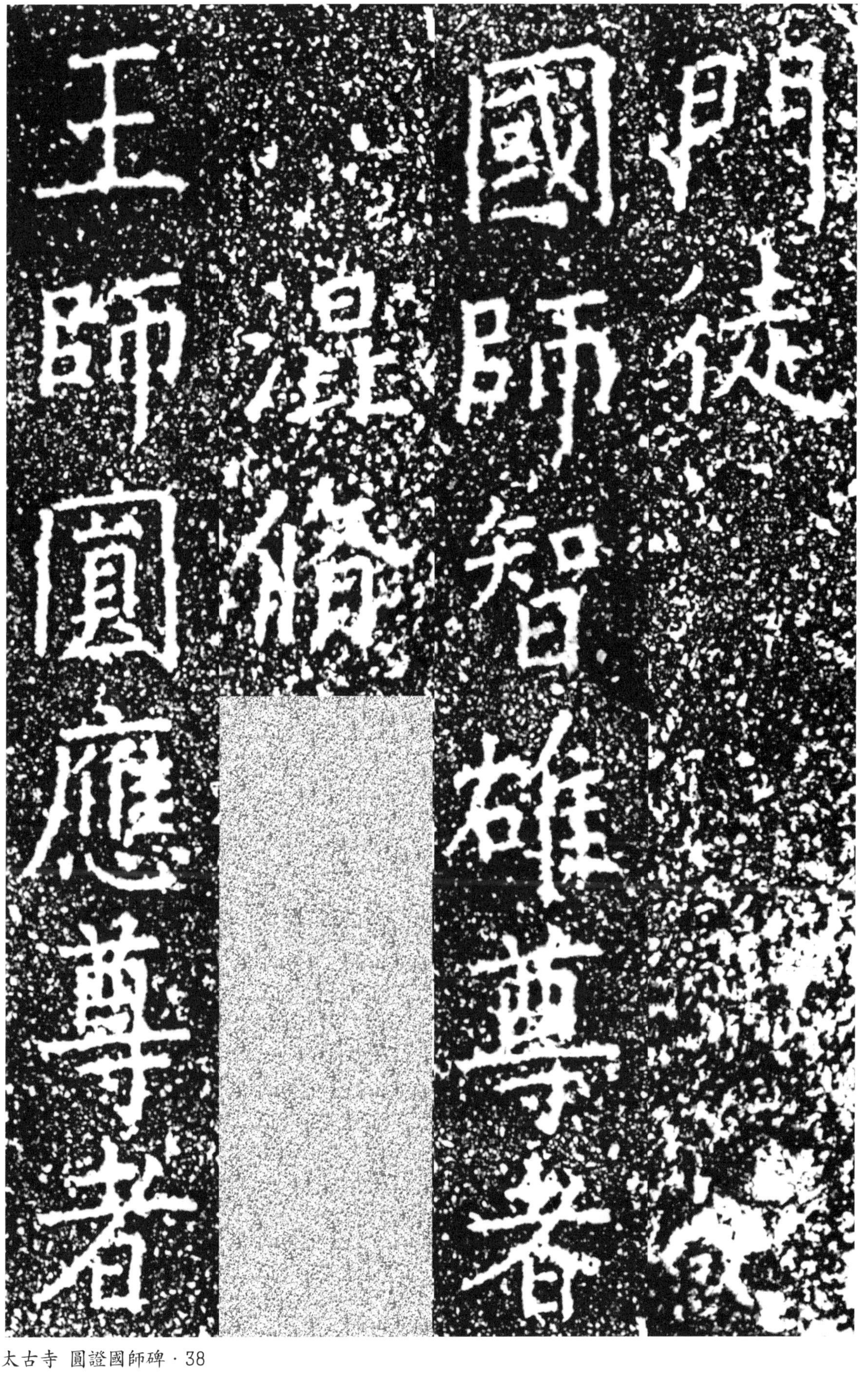

太古寺 圓證國師碑 · 38

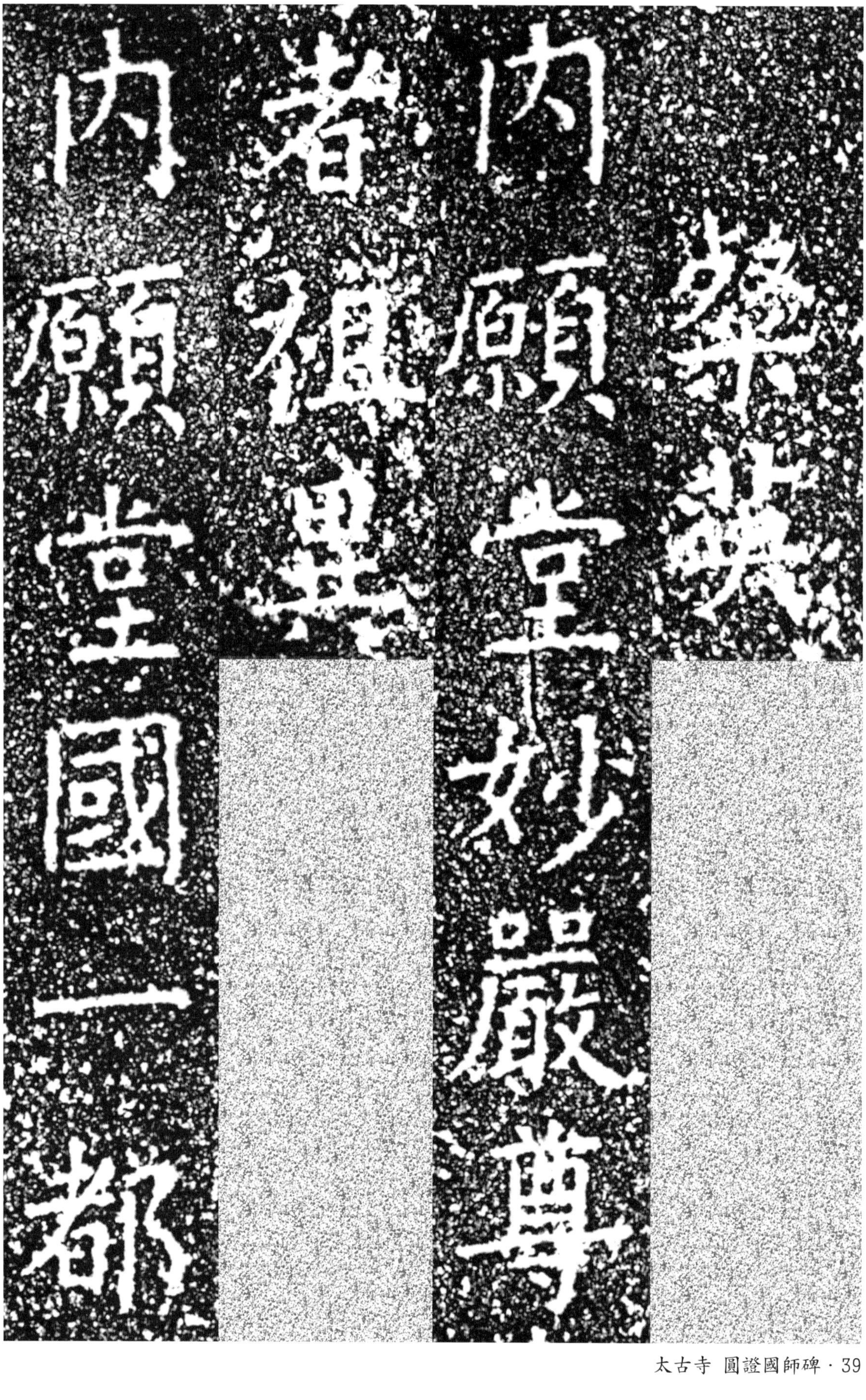

太古寺 圓證國師碑 · 39

太古寺 圓證國師碑 · 40

太古寺 圓證國師碑 · 41

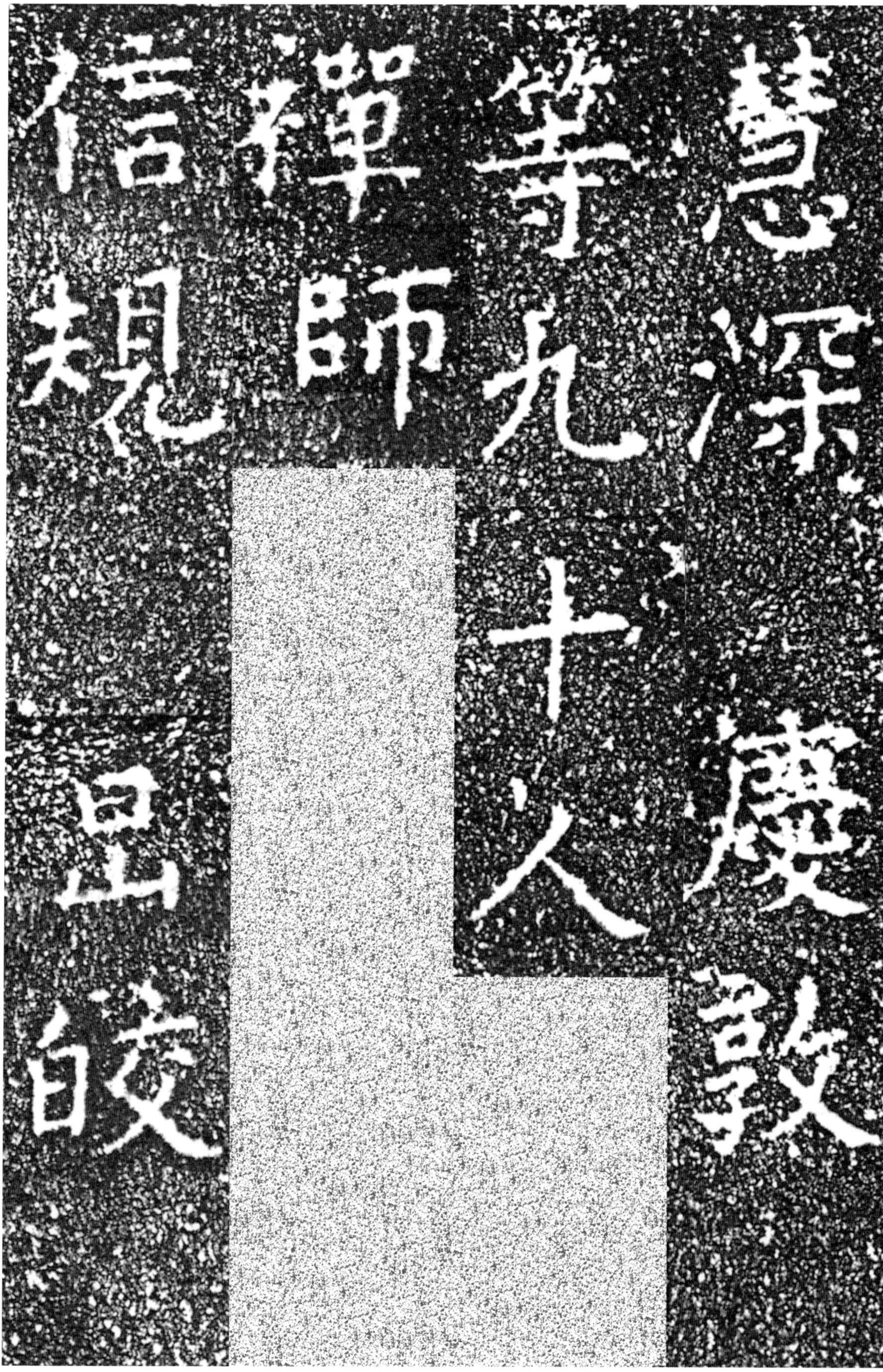

太古寺 圓證國師碑 · 42

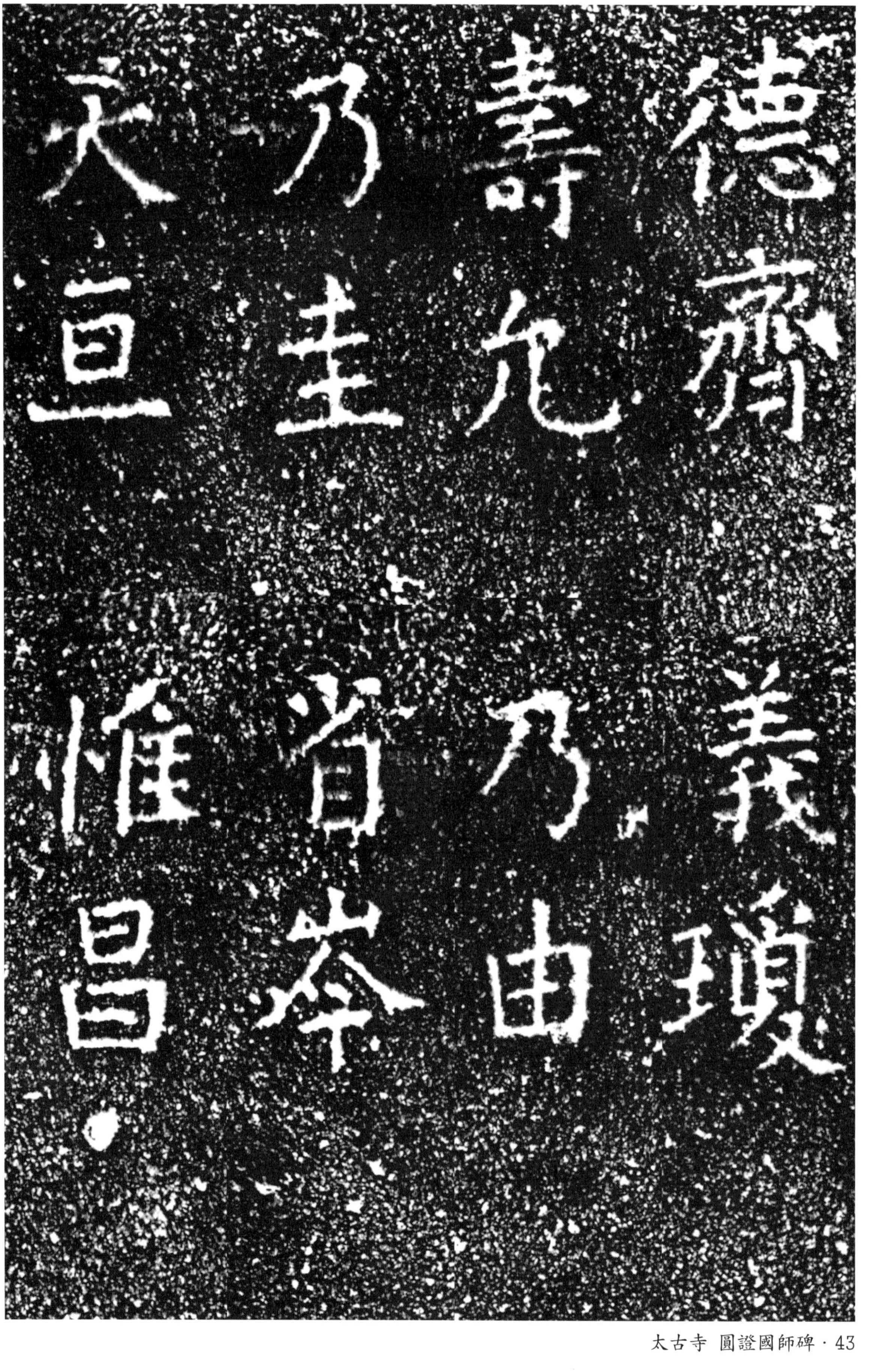

太古寺 圓證國師碑 · 43

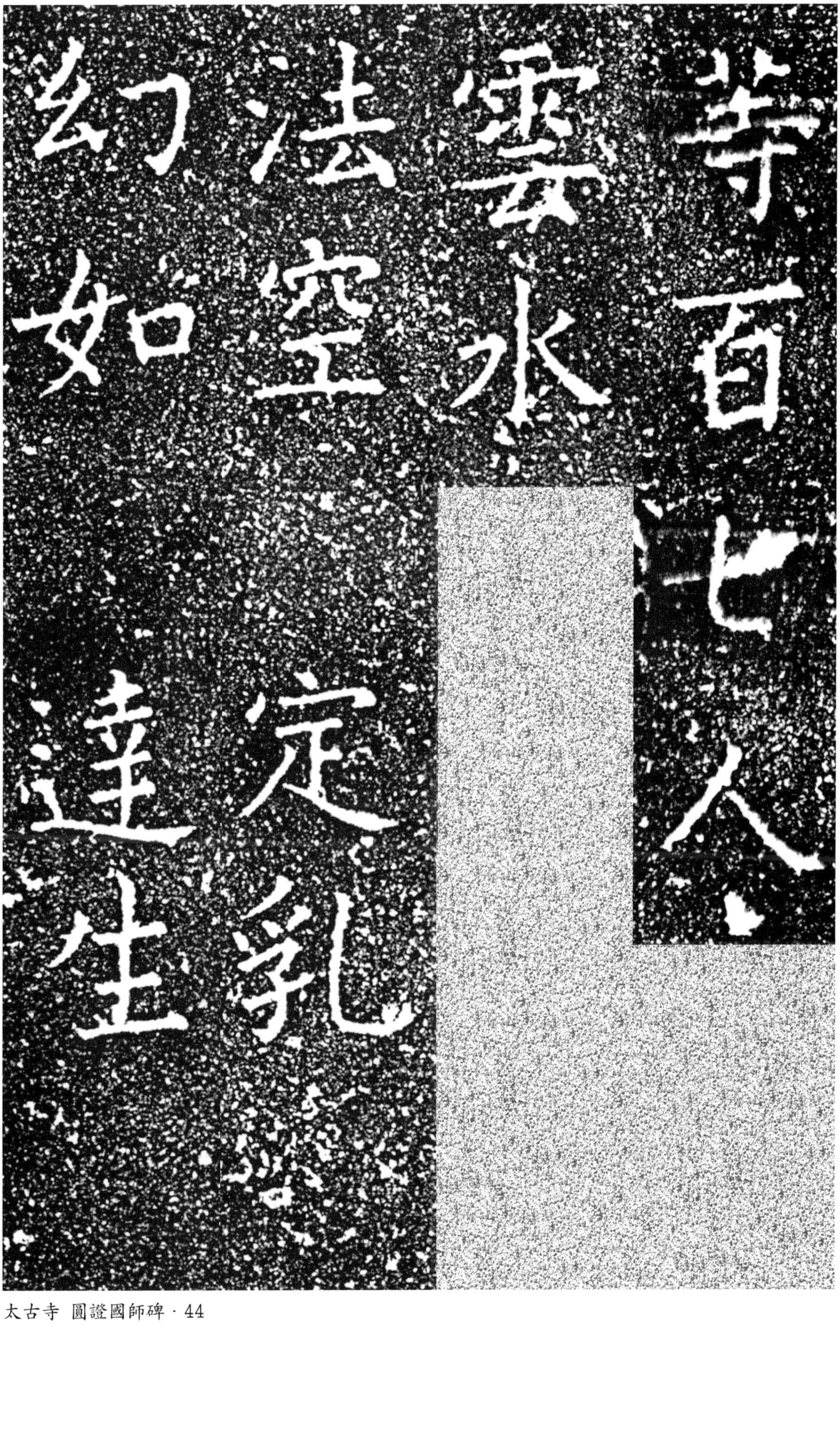
寺百七人
雲水
法空定乳
幻如達生

太古寺 圓證國師碑 · 44

太古寺 圓證國師碑 · 45

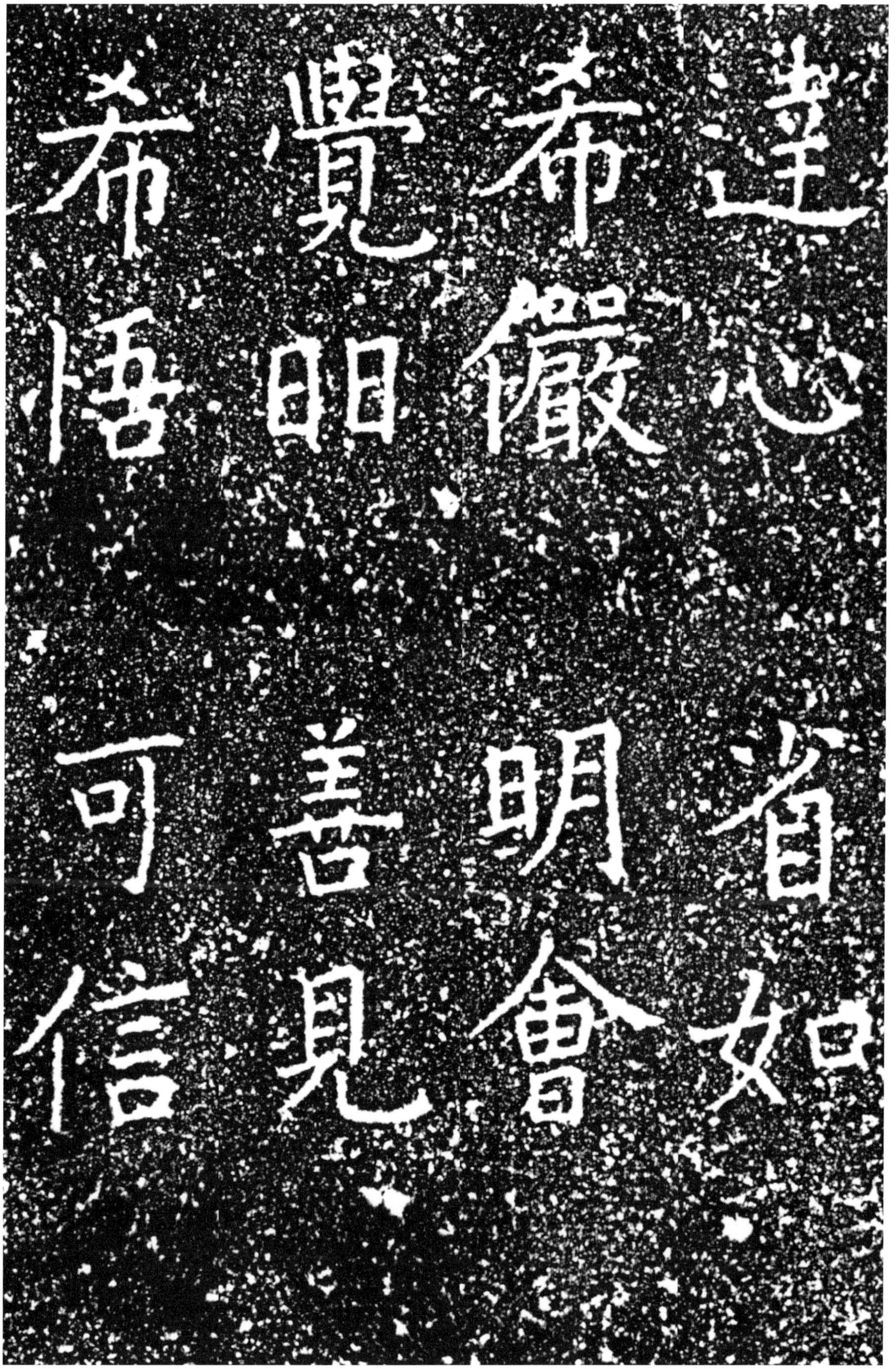

太古寺 圓證國師碑 · 46

太古寺 圓證國師碑 · 47

太古寺 圓證國師碑 · 48

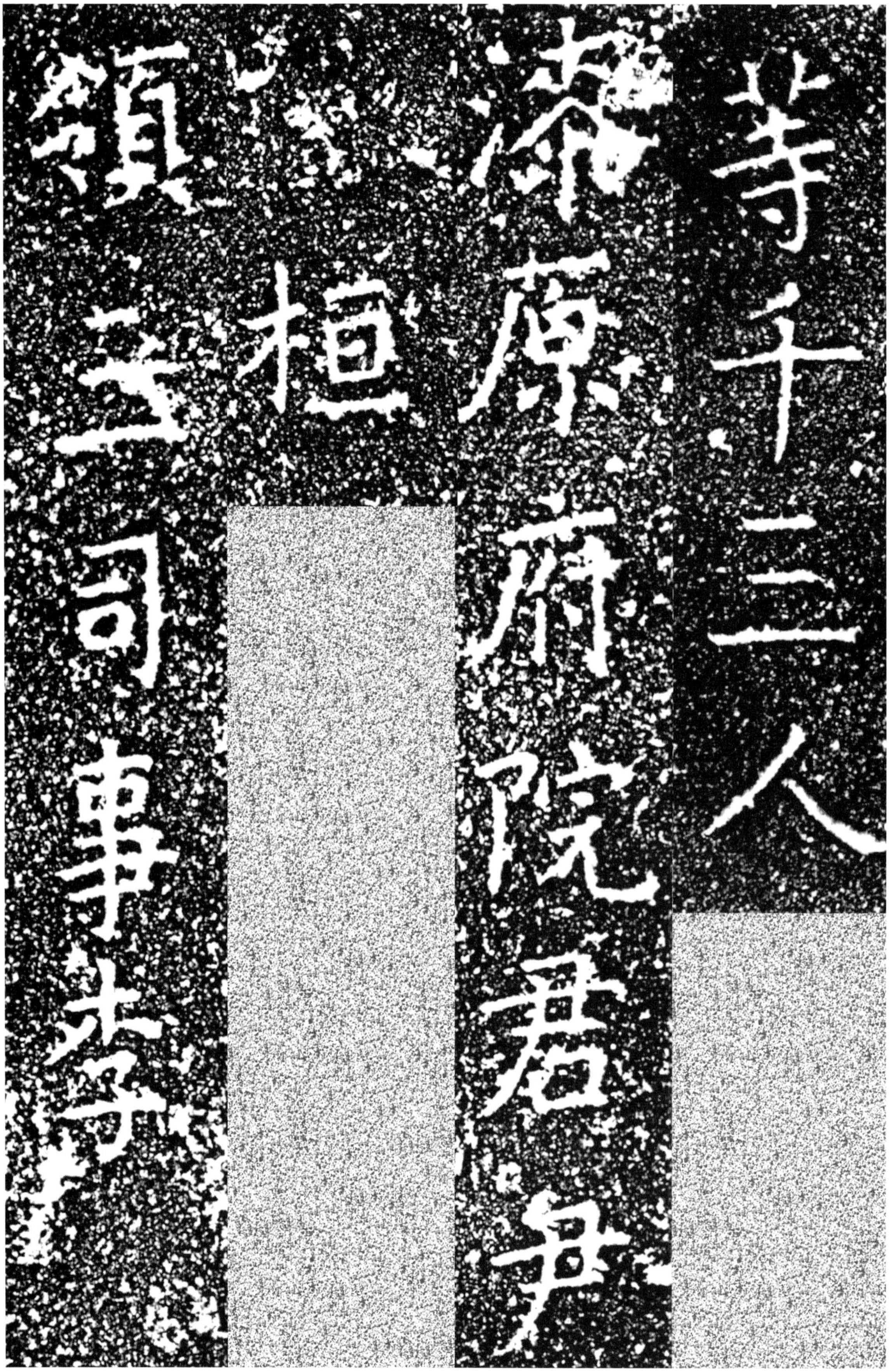

太古寺 圓證國師碑 · 49

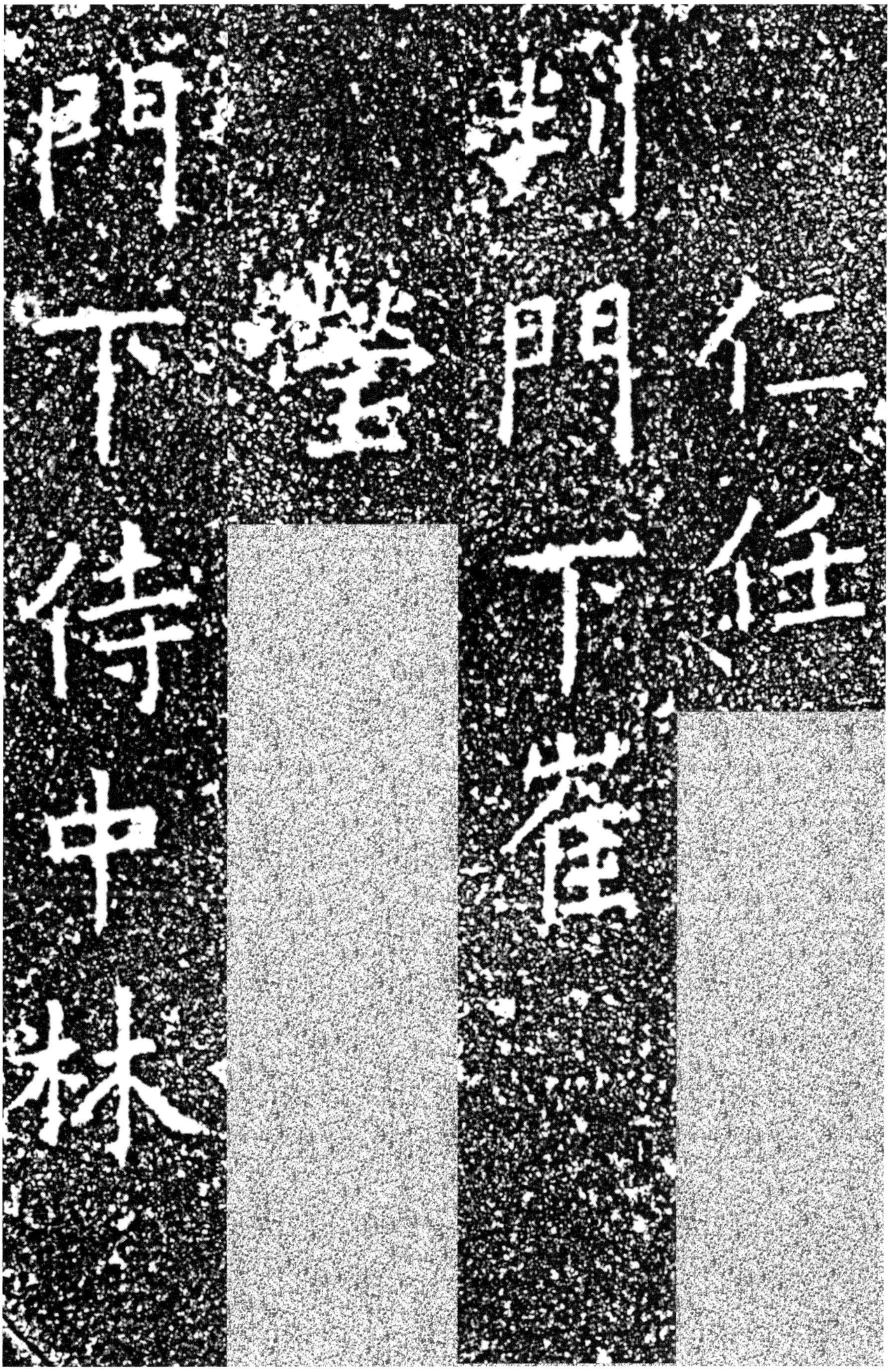

太古寺 圓證國師碑 · 50

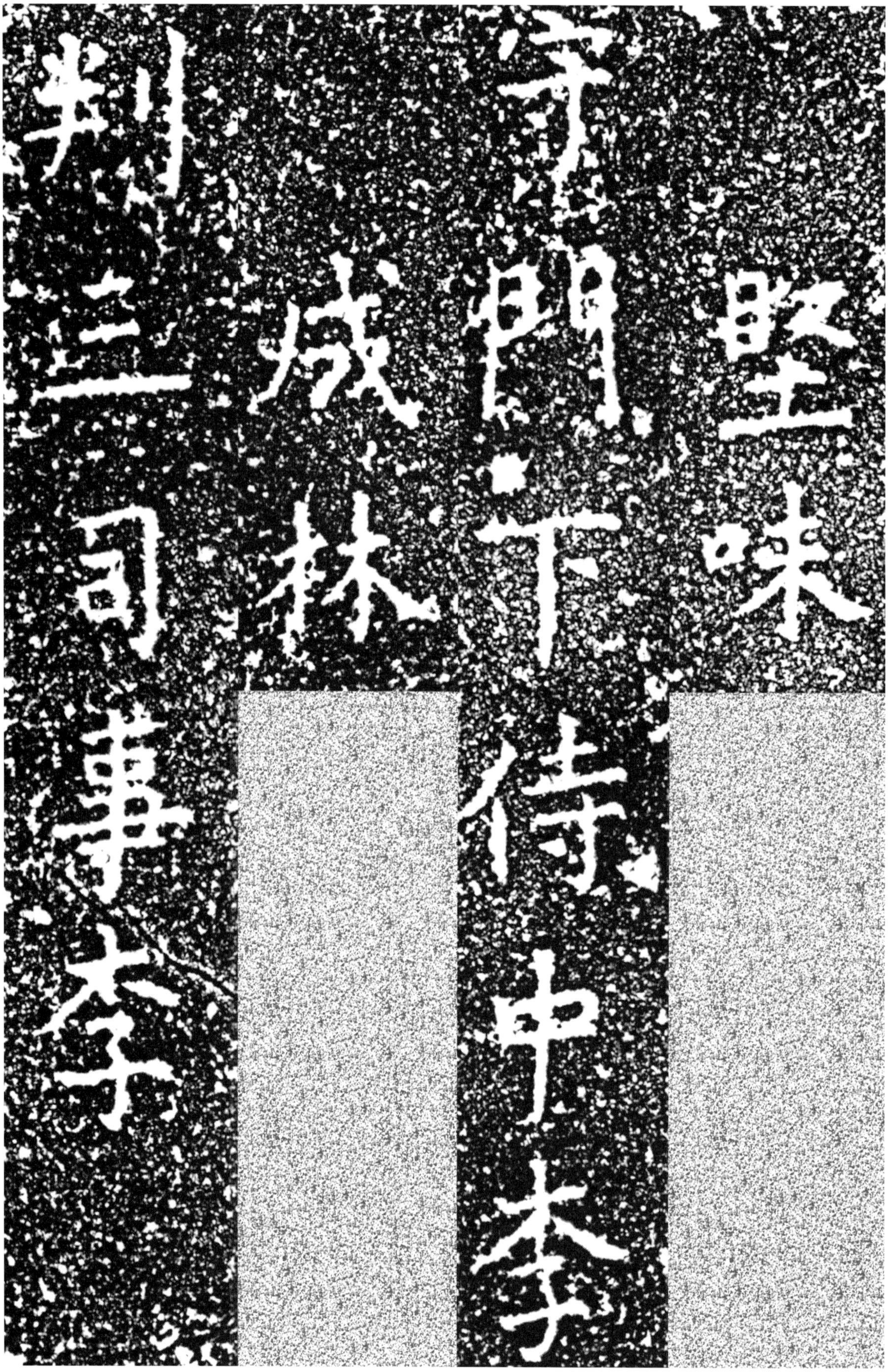

太古寺 圓證國師碑 · 51

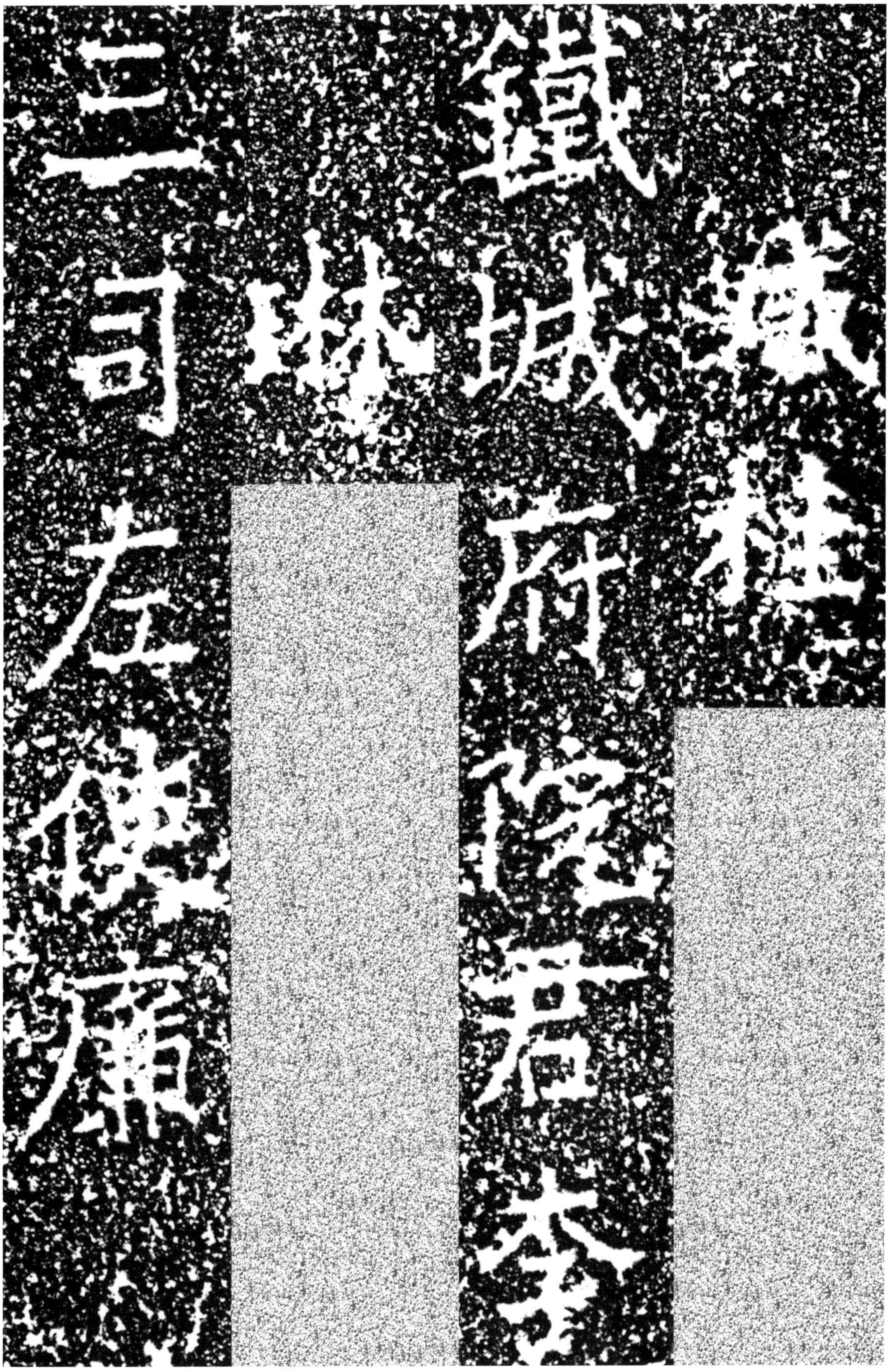

太古寺 圓證國師碑 · 52

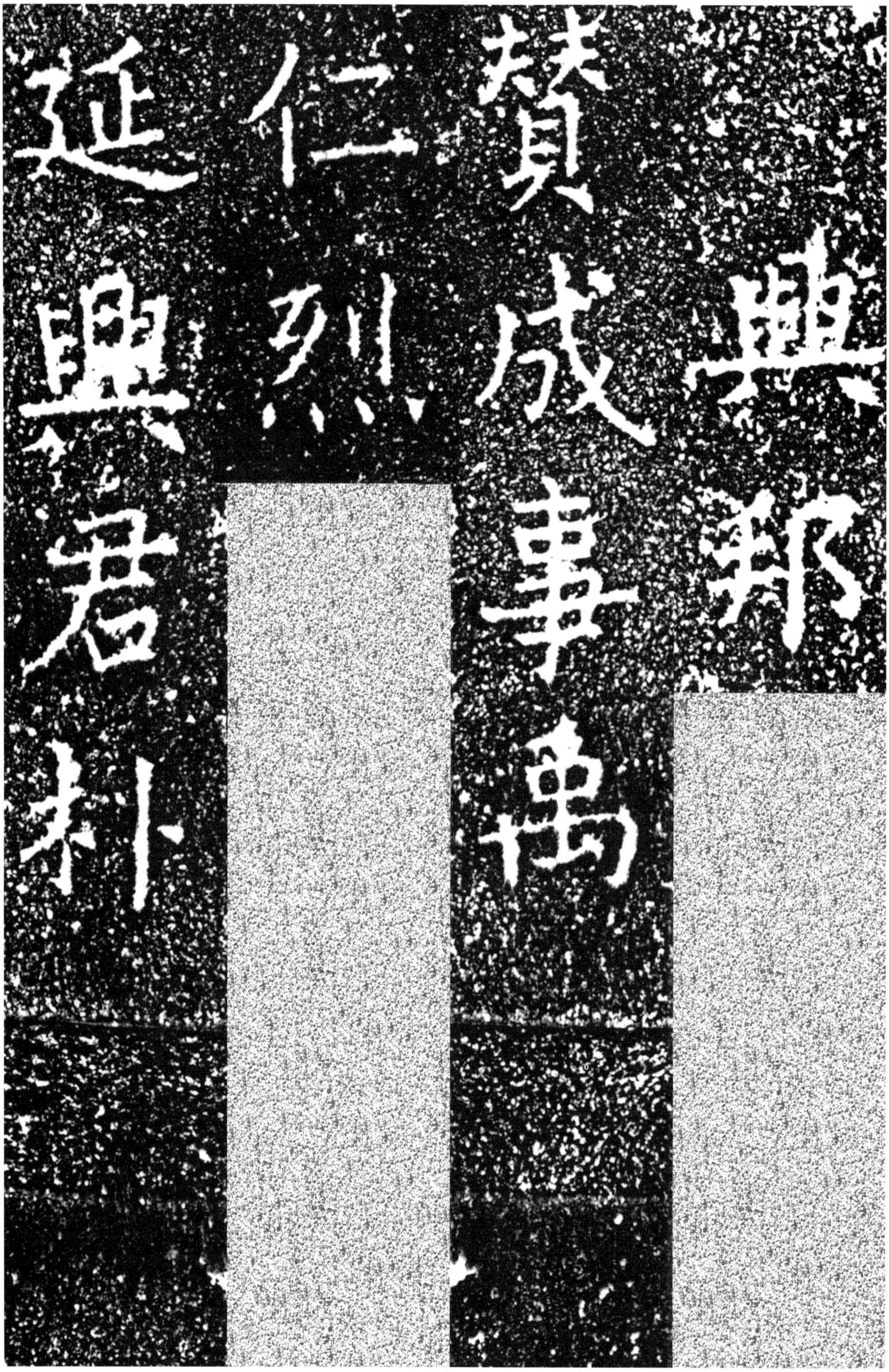

太古寺 圓證國師碑 · 53

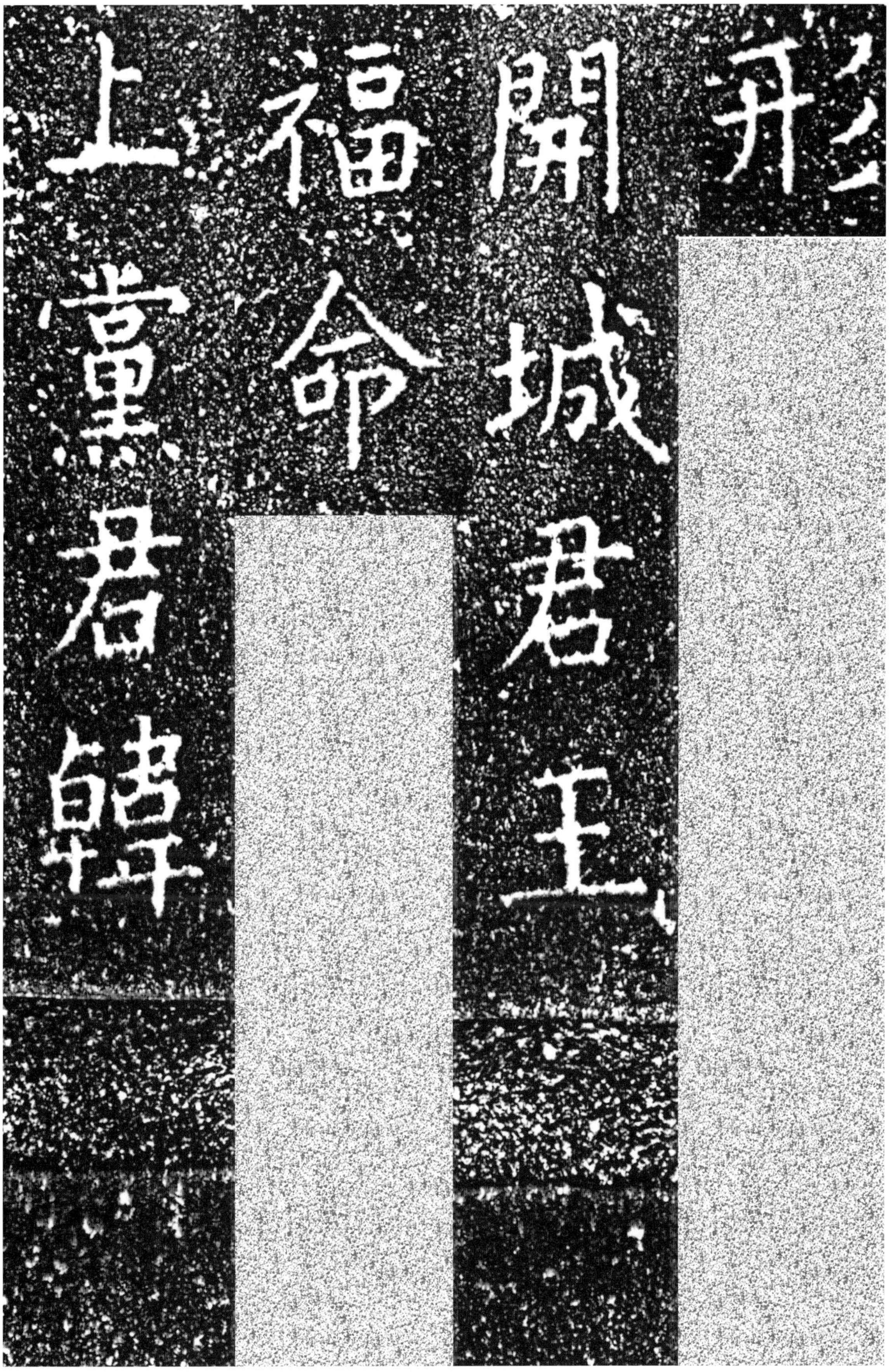

太古寺 圓證國師碑 · 54

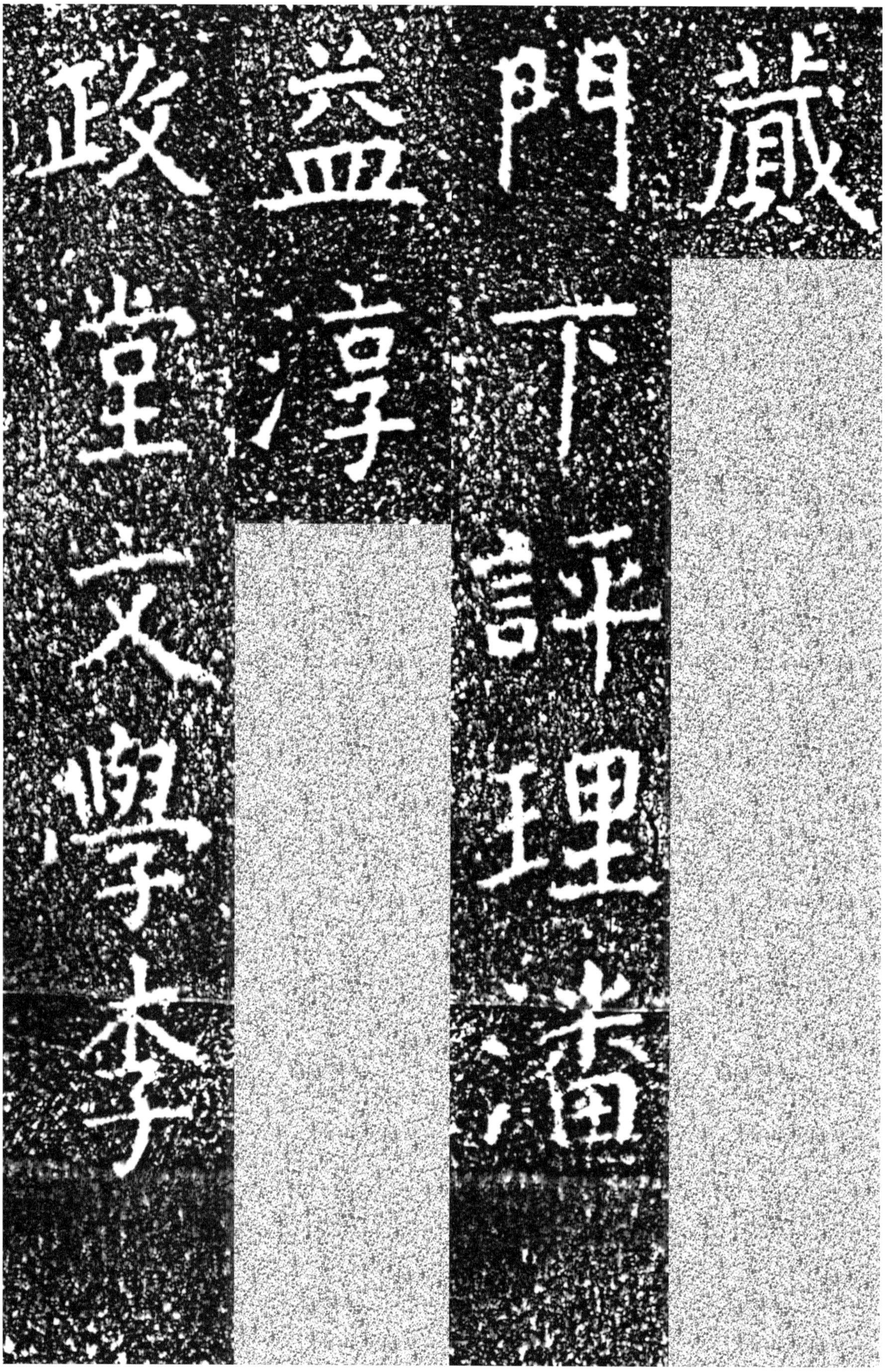

太古寺 圓證國師碑 · 55

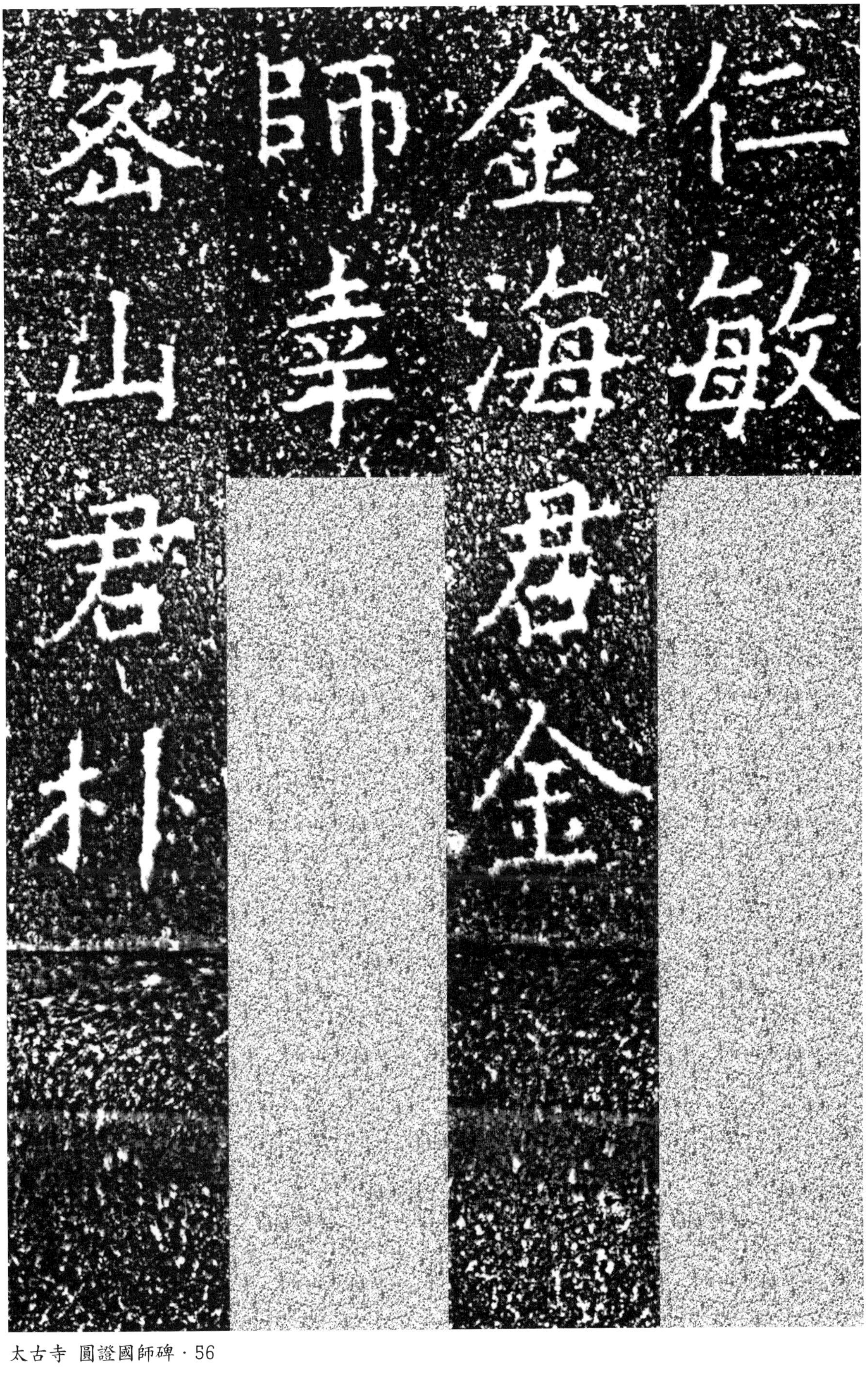

太古寺 圓證國師碑 · 56

成亮
知申事廉
廷秀
典工判書崔

太古寺 圓證國師碑 · 57

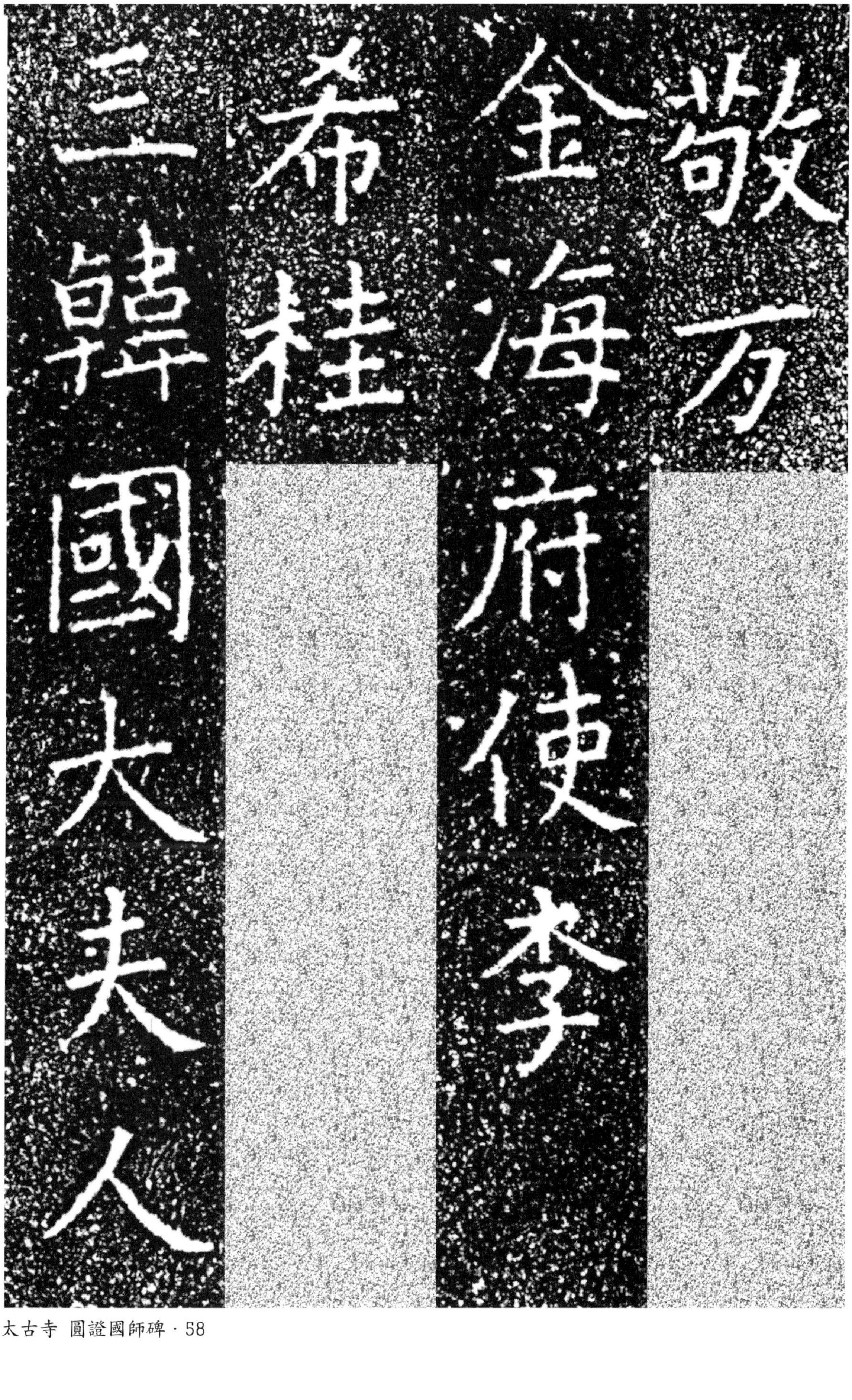

太古寺 圓證國師碑 · 58

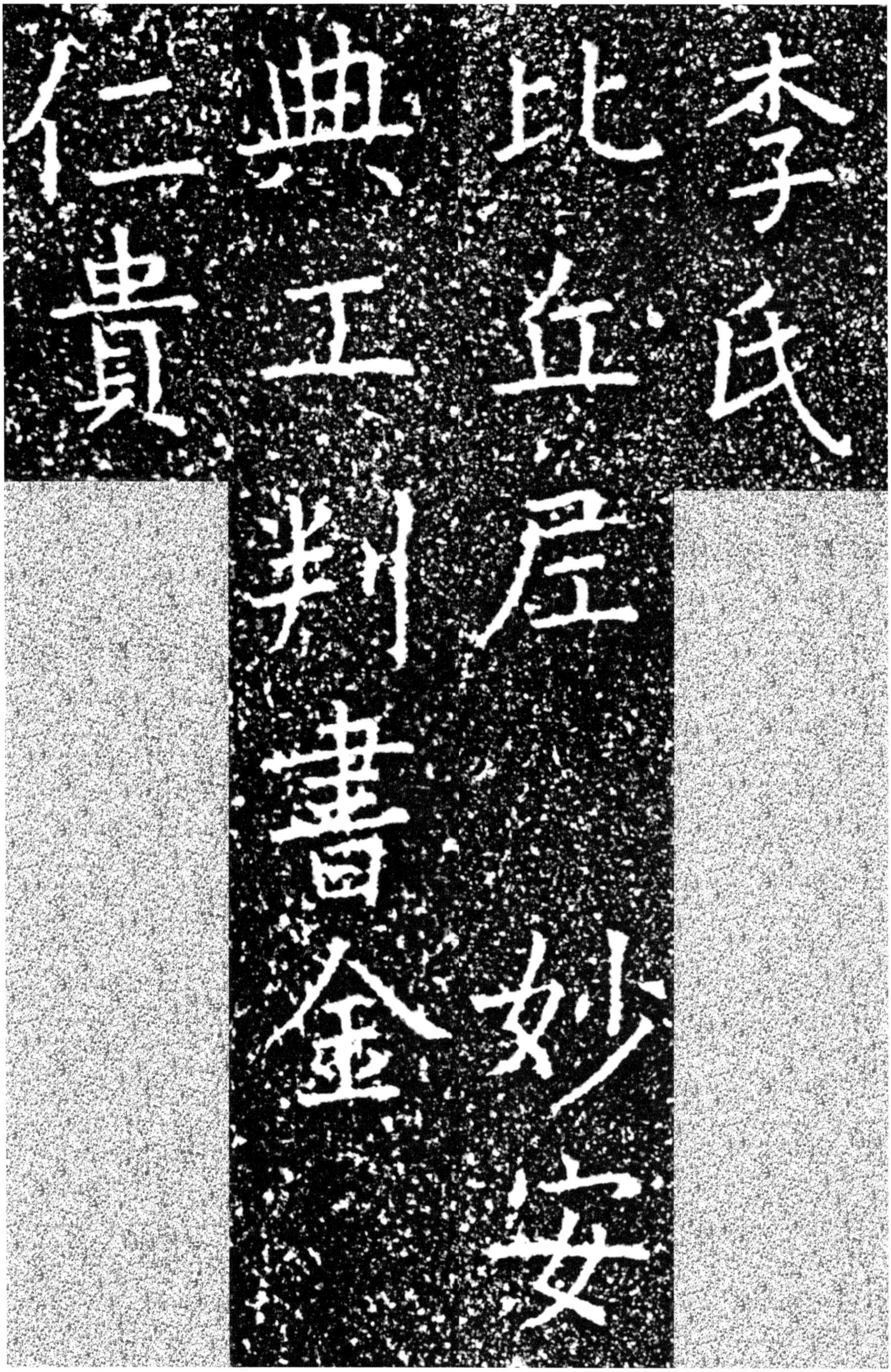

太古寺 圓證國師碑 · 59

四、彰聖寺 眞覺國師碑

高麗國國師大華嚴宗師
禪教
推忠保節同德贊化功臣
辟
洪武十五年夏六月十六
日華嚴浮石國師宗旃

彰聖寺 眞覺國師碑 · 1

<이하결락>

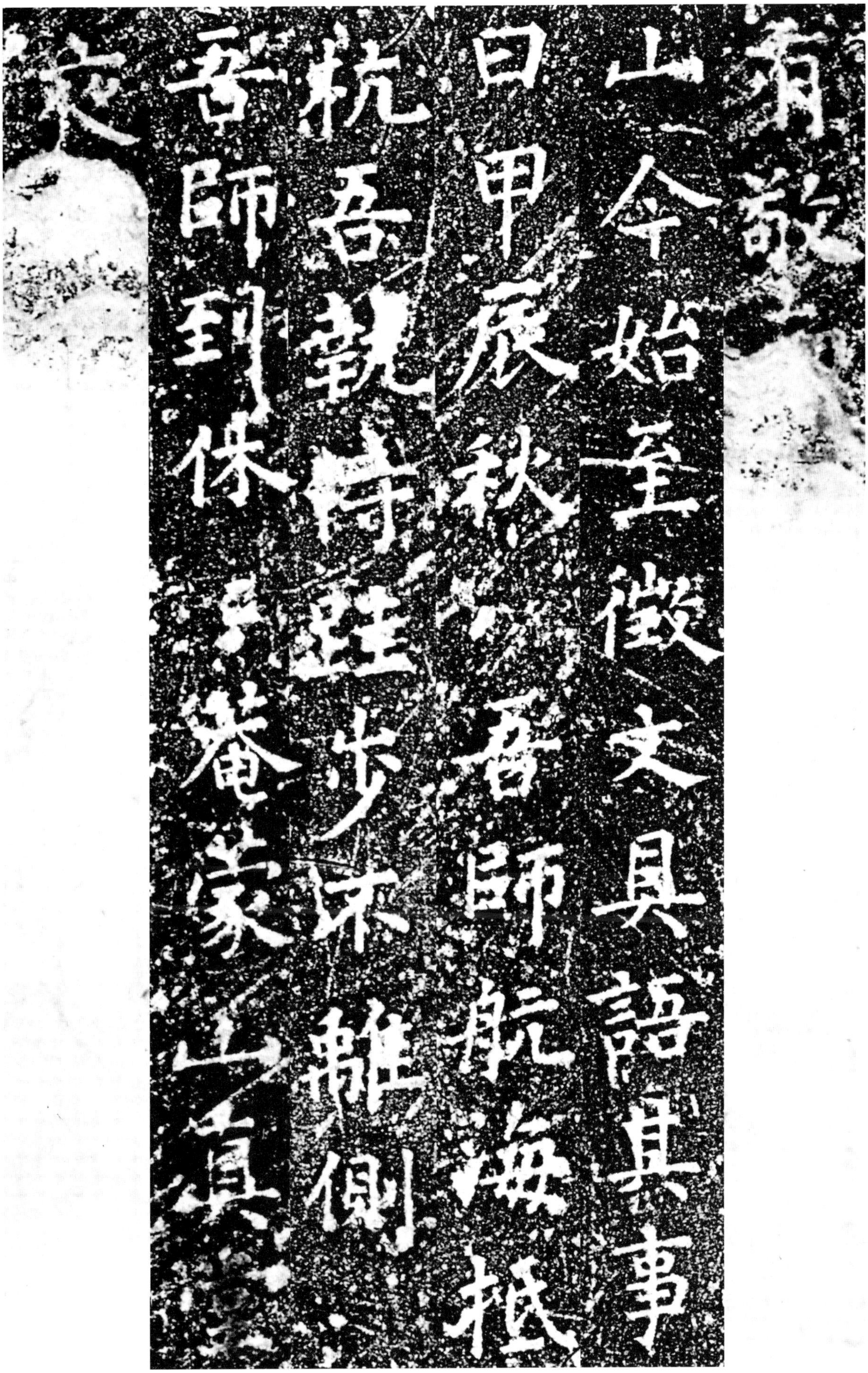

彰聖寺 眞覺國師碑 · 3

人衣鉢心異之引師至
方丈扃鐍悉傳有三轉語
在壁[illegible]師遂語下語鑰有
聲忽啓衆皆驚歎室中有
横
棒拂在此將以授我耳啓

彰聖寺 眞覺國師碑 · 4

之衆盡服又有漆水積集
縫著其上曰時未至而啓
者矣必謹漸看丞相張大
尉
何物藏 師曰文書也又
問令可覺乎師曰可果有

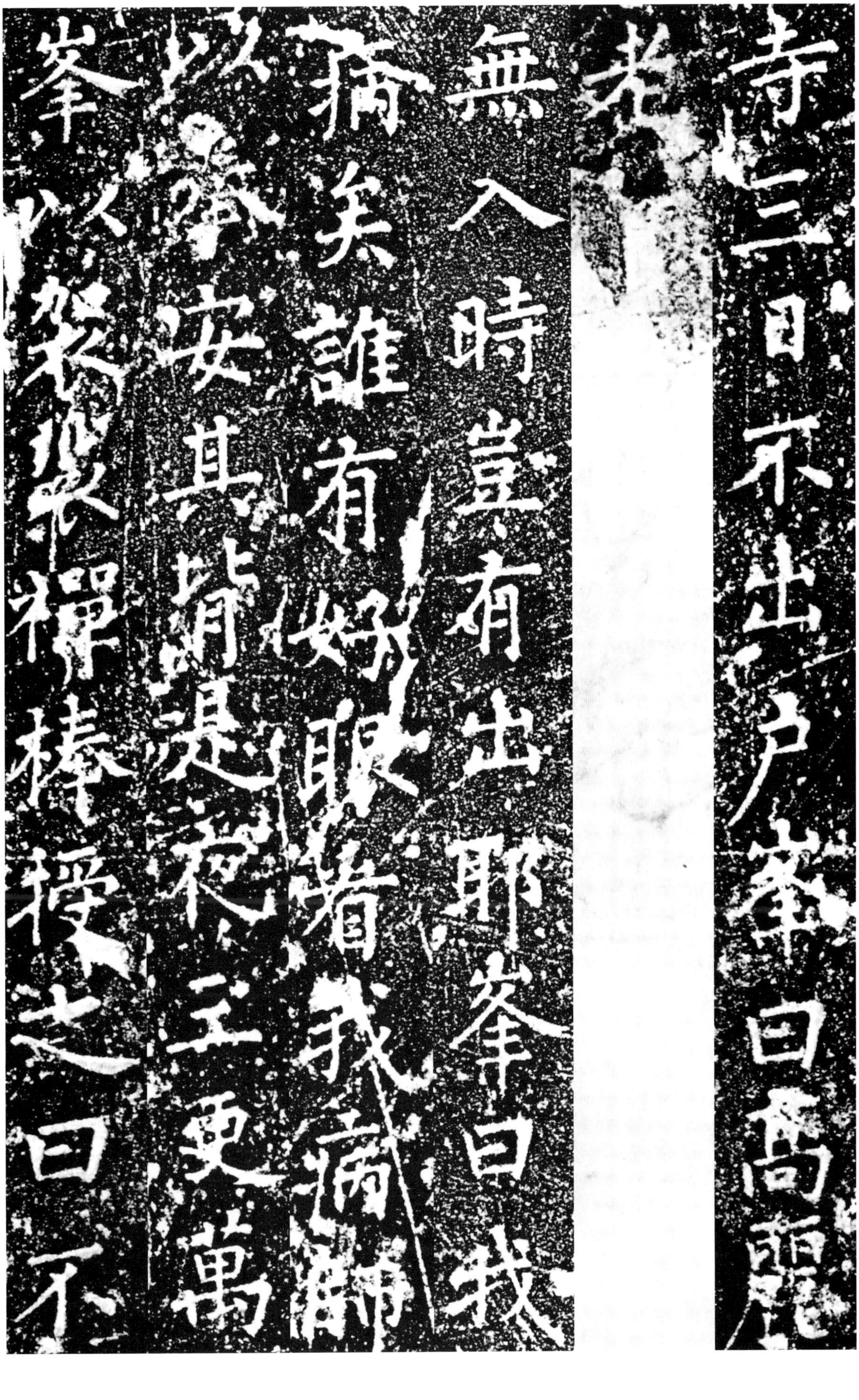

寺三日不出戶峯曰高麗
老
無入時豈有出耶峯曰我
猶矣誰有好眼着我痛師
以發安其背退衣三更萬
峯以袈裟禪棒授之曰不

彰聖寺 眞覺國師碑 · 7

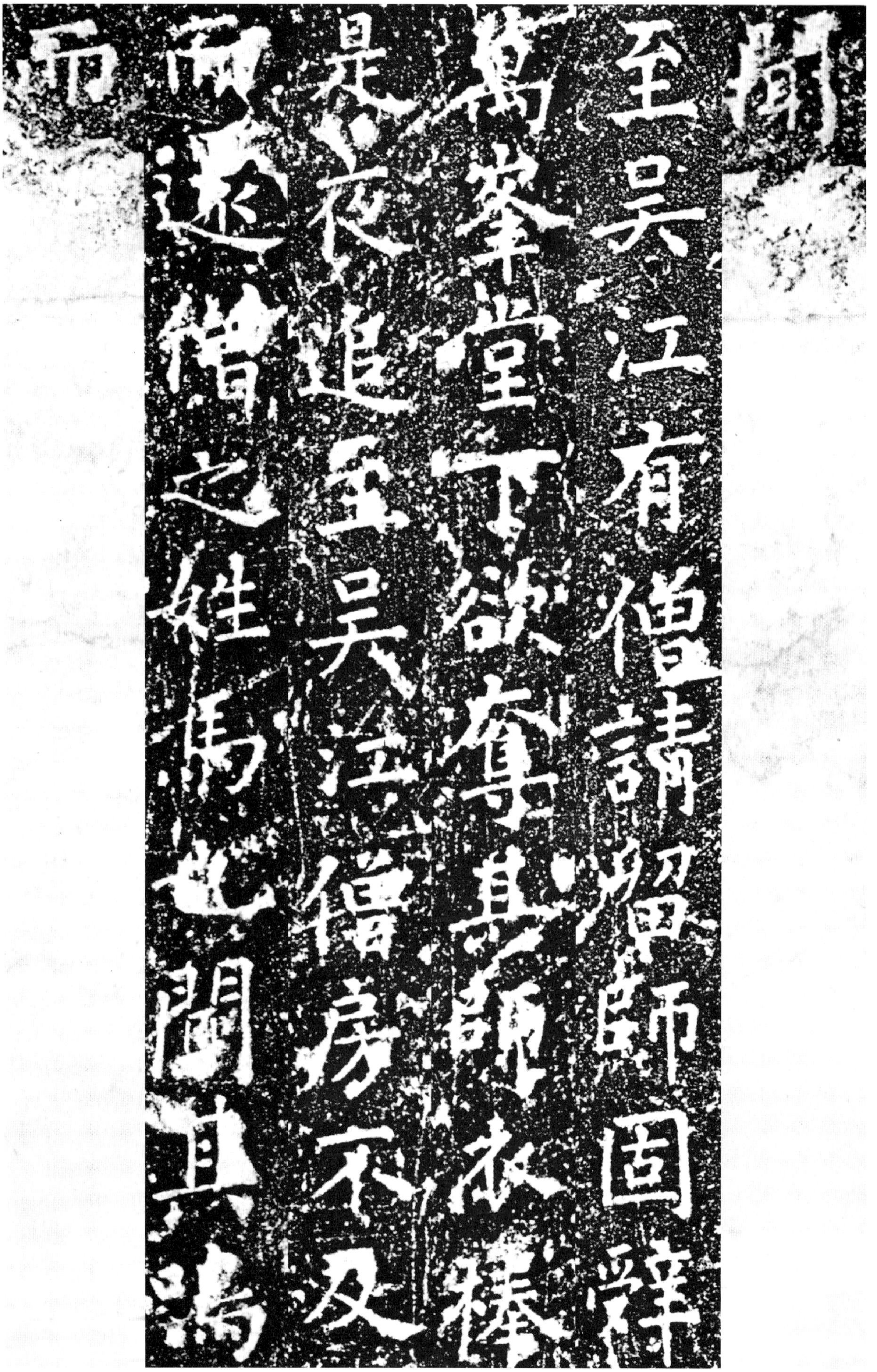
闡
至吳江有僧請留師固辭
萬峯堂下欲奪其師衣棒
是夜追至吳江僧房不及
而追僧之姓馬也聞其端
而

彰聖寺 眞覺國師碑 · 9

瞻禮 師處守雞岳游寺
東海跋洛山觀音放光之
瑞丁未正月還鄕焉 上遣
使邀 師者三之 師始至
五月封爲國師大華嚴宗
師禪教都摠攝傳佛心印

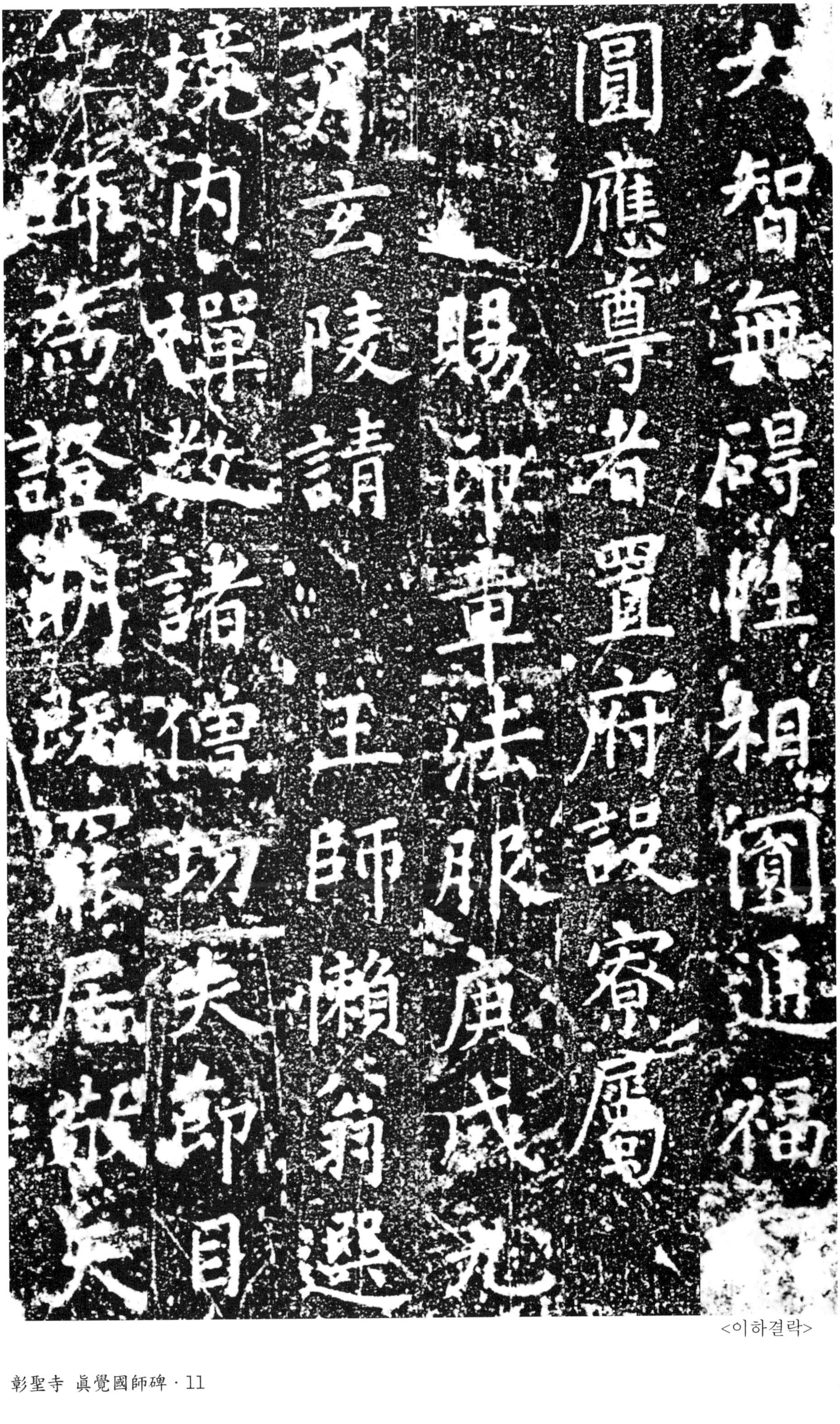
大智無碍性相圓通福
圓應尊者置府設賓屬
賜御書法服庚戌光
玄陵請王師懶翁選
境内禪教諸僧功夫節目
跡爲證明旣罷居敬矣

<이하결락>

年亥遊金剛山五月上遣
使請還其秋懇乞歸雉岳
歲壬戌住存石重營覺[illegible]
起始苞盖爲寺後計也
師諱千熙號雪山興海人

理判書妣崔氏二三夢見
大鑑禪僧呪水漲
日而有身彌月又夢白鵲
其腹青袈裟下僧
大
一日生師年十三投華

厥盛寵社主[illegible]非大師雖

齡十九登上品選歷住金

生德泉符仁開泰等寺十餘

寺其衣服飮食與僧[illegible][illegible]

小異操志甚高參究禪道

夜小伯山夢見蒙山付其

彰聖寺 眞覺國師碑 · 15

之至今為叢林美談今圓
應自夢蒙山得傳衣法
釋氏之教不可得而思議
也信我臣積敢不為之銘
銘曰
大道無外何有古今

彰聖寺 眞覺國師碑 · 17

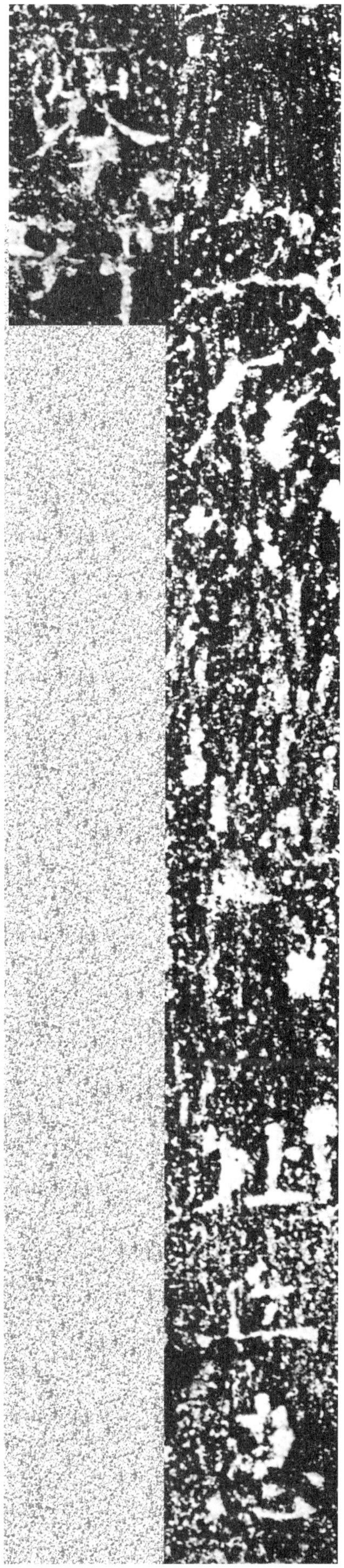

<彰聖寺 眞覺國師碑 陰記>